Martin Méngué

KAMEROONIDOSCOPE

VOLUME 2

JOURS DE PAIX

Recueil de nouvelles

JOURS DE PAIX

DU MÊME AUTEUR

L'argent, le pouvoir et les compromissions (roman), Kindle Direct Publishing, juin 2020

Le monastère des âmes perdues (roman), Kindle Direct Publishing, janvier 2021

Kameroonidoscope, volume 1 – Les âmes tourmentées (recueil de nouvelles), Kindle Direct Publishing, avril 2021

Martin Méngué

JOURS DE PAIX

Que vous aimiez beaucoup (ou un peu moins) ce que vous allez lire dans ce livre, dites-le moi en me rejoignant sur ma page Facebook *Martin Méngué Officiel* : https://www.facebook.com/Martin-M%C3%A9ngu%C3%A9-Officiel-112370913852422

Ou alors, écrivez-moi à l'adresse email : **mmnnmartin@gmail.com**

Une certaine famille

La déchéance vient toujours avec le mensonge

I-   Innocence et bonheur

Yaoundé, le 19 février 1985

Le téléphone posé à l'extrémité du comptoir se mit à sonner juste au moment où un homme tirant sur la quarantaine entra dans la pharmacie.

- Franck, réponds pendant que je m'occupe de monsieur, dit Lon Yem Darwin en désignant leur très probable prochain client.

Franck Owona Owona était un jeune homme de vingt-huit ans – du moins, qui devait entrer dans sa vingt-neuvième année dans moins de vingt-quatre jours à compter du présent. Darwin l'avait engagé dans sa pharmacie sise au quartier Bastos deux ans plus tôt en tant qu'assistant pharmacien « en attendant de monter en grade » comme l'avait tout de suite précisé Darwin. Il aurait bien pu l'engager en tant que pharmacien comme le confia plus tard ce soir-là Darwin à son épouse Michelle, mais il avait décidé de ne pas le faire parce que, expliqua-t-il, il voulait que Franck montât progressivement en grade au fur et à mesure qu'il prouvera ses compétences. Des compétences que l'université Cheick Anta Diop de Dakar au Sénégal avait reconnues, elle, en lui remettant son diplôme de pharmacien. Mais Darwin avait voulu s'assurer par lui-même des capacités de ce jeune homme de vingt-six ans à l'air vif et intelligent avant de le mettre théoriquement à son égal : pharmacien. Ce pour quoi il ne lui fallut pas plus de dix-huit mois pour se prononcer. Ainsi, sept mois plus tôt, il l'avait officiellement promu pharmacien avec tout ce que cela impliquait soit plus de responsabilités dans la gestion et la direction de la pharmacie avec un salaire naturellement plus élevé.

- Darwin, c'est pour toi, dit-il peu après avoir décroché.

Il l'avait autorisé, quelques semaines après qu'il eût commencé à travailler dans sa pharmacie, à l'appeler par son prénom, ceci pour trois raisons : d'abord, ils étaient appelés à travailler ensemble – comme il le sentait déjà – durant de longues années alors, autant en finir au plus vite avec les carcans de la civilisation du genre « Docteur Lon » ou « Monsieur Lon » ; ensuite, il était son aîné de seulement dix ans et enfin, il commençait réellement à l'apprécier, non seulement pour ses qualités professionnelles mais aussi pour ses qualités d'écoute. Aujourd'hui, ils se considéraient comme de bons collègues et de bons amis.

- Qui est-ce ?
- La gynéco de Michelle.

Son cœur fit un bond dans sa poitrine et il fut submergé par une vague d'appréhension.

- S'il te plait, occupes-toi de ce monsieur, dit-il avec une voix assez maitrisée. Excusez-moi, monsieur, ajouta-t-il à l'adresse du client.
- Sans problème, fit celui-ci.

Et il s'empressa de se saisir du combiné.

- Allô… Bonsoir Germaine, qu'est-ce qui ne va pas ?

Il y eut un court silence avant qu'il ne reprît la parole.

- C'est assez prématuré tout de même, non ?... Oui, c'est trente-quatre semaines, c'est bien trente-quatre semaines, tu le sais mieux que moi, Germaine… Oh, non, je ne suis pas vraiment inquiet, c'est vrai que j'ai eu un léger choc quand Franck m'a annoncé que c'était toi au téléphone. Tu sais, j'ai tout de suite pensé au pire alors que je n'ai eu aucune raison ces jours passés de croire que le pire pouvait arriver… Tu sais, Michelle se portait bien… Oh, je rectifie, se porte bien, c'est vous la spécialiste après tout, et si vous le dites (Rires)… Oh non, je suis rassuré, tout à fait rassuré. Dites, d'après toi, ce sera pour ce soir ?... Très probablement, hein ? D'accord. Je vous rejoins tous à l'hôpital. À tout à l'heure.

Il raccrocha.

Le client était sorti une minute plus tôt en lui faisant un signe d'au revoir, ses médicaments dans un sachet à l'effigie de la pharmacie à la main. Pour le moment, Franck le fixait avec un regard interrogateur.

- C'est Michelle.
- Oui. Les contractions ont commencé il y a une heure. Elle a appelé Germaine. Elles sont à l'Hôpital Central. C'est Germaine qui était la prendre à la maison.
- C'est un peu tôt, non ?
- Ah ! Pas trop, néanmoins. Trente-quatre semaines déjà.
- Ce n'est pas très inquiétant, en effet. L'enfant est viable.
- Si ce n'est que de ce côté-là, je n'ai pas d'inquiétude. La grossesse s'est très bien déroulée jusqu'ici. Et puis, à sept mois, l'enfant est déjà viable alors ne parlons pas de trente-quatre semaines... Oui, il est viable. Il vivra.

Franck sourit.

- Tu vas devoir t'occuper de la pharmacie tout seul, ce soir. J'espère que tu vas pouvoir tenir jusqu'à demain à sept heures... Sinon, j'appelle Adèle, en croisant les doigts pour qu'elle accepte de venir... Elle a eu une dure journée. Et pas seulement elle, François aussi. D'après ce qu'il m'a dit, c'était l'affluence aujourd'hui.

Adèle et François étaient les deux autres pharmaciens qu'il avait engagés et qui, pour cette semaine, formaient l'équipe du jour.

- Pourquoi pas lui, justement ? Il est nettement plus malléable qu'Adèle.
- Il m'a dit tout à l'heure à la relève qu'il avait un rendez-vous ce soir ou quelque chose comme cela. Quelque chose d'important en tout cas... Tu me

parles d'Adèle comme si je ne la connais pas, ajouta-
t-il en souriant. Même le fait que les heures
supplémentaires soient rémunérées ne la pousse
généralement pas à être conciliante pour en faire.
Franck fit « Hum » et sourit.

- Alors, tu dis quoi ?
- Je crois que je vais me débrouiller seul, dit-il. Et
laissons Adèle où elle est. Quant à toi, vas vite
retrouver Michelle. Future Papa.
- Eh oui, fit Darwin, heureux, en ôtant sa blouse.
Papa…

Il fut accueilli par Germaine au pavillon maternité. Elle
avait l'air content.

- Tu es déjà papa. J'ai appelé à la pharmacie pour te
l'annoncer mais tu étais déjà en route. Il faut dire que
ton fils était bien pressé de venir au monde.
Félicitations !
- Merci, docteur, fit-il seulement, ému. Où est-elle ?
- Dans la chambre qu'on lui a assignée. Bébé est déjà
prêt à te rencontrer.
- Je te suis, docteur.
Germaine sourit : il avait perdu ses familiarités : il en était
revenu aux « vous » et « docteur ». L'émotion, se dit-elle en
le précédent.

- Bienvenu parmi nous, jeune homme. Bienvenu,
Darwin Junior Lon Yem, dit-il quelques instants plus
tard en glissant son index droit dans l'un des
minuscules poings de l'interpelé.
Celui-ci le serra avec vigueur en le regardant droit dans les
yeux, sans évidemment le voir.
Toujours ému, Darwin le contemplait, couché à côté de sa
mère, son épouse à lui. Ce petit, tout petit homme rose
enveloppé dans de délicats vêtements blancs à broderies
bleues, ce tout petit homme rose aux cheveux noirs qu'il

devinait bouclés sous le bonnet était son fils, leur fils. Il allait dépendre de Michelle et de lui durant les prochaines années. Leur responsabilité qu'il aimait déjà.

Regardant son épouse dans les yeux, il lui dit tout bas :

   - Merci.

Elle rit, quelque peu gênée par cette expression de gratitude qui lui allait cependant tout droit au cœur.

Deux ans puis cinq ans plus tard, il lui dira encore sa gratitude à l'occasion de la naissance de Christian Lon Yem et de Babylonine Ngo Lon Yem.

***

Darwin et Michelle se rencontrèrent dans une université parisienne où tous les deux, boursiers, faisaient leurs études en Pharmacie. À tous les deux, il restait alors un an d'étude avant l'obtention du diplôme de pharmacien.

Est-ce parce que Michelle était l'une des plus belles jeunes femmes noires du campus ou alors parce qu'il la trouva tout de suite très agréable à vivre que Darwin s'épris rapidement d'elle ? Est-ce parce que Darwin la traita avec beaucoup d'égard chaque fois qu'ils se voyaient ou alors parce qu'elle le trouva très séduisant la première fois qu'ils se rencontrèrent qu'elle s'attacha à lui ? Ou, tout simplement, est-ce grâce au fait de se découvrir citoyen d'un même pays si loin de chez eux et de se sentir tout de suite complémentaires l'un de l'autre que le sentiment naquit ? Ni Michelle, ni Darwin ne le surent jamais. Cependant, il s'établit un fait entre eux au bout de quelques semaines de fréquentations : ils étaient tombés amoureux l'un de l'autre.

Six mois après leur rencontre, ils décidèrent de se marier dès leur retour sur la Terre Mère. Il leur fallut cependant encore attendre deux ans, une fois cette décision prise, avant de l'appliquer. Deux années durant lesquelles il leur fallut obtenir leurs diplômes puis économiser assez d'argent en travaillant dans quelques pharmacies et CHU de la place parisienne. Deux années au cours desquelles ils prirent et murirent une autre décision : ouvrir leur propre pharmacie en rentrant au pays.

Ils se marièrent à Éséka – ville natale de Darwin –, officiellement et religieusement, en juillet 1981, six mois après leur retour au pays. Il avait trente-quatre ans et elle vingt-neuf. Cinq mois et demi plus tard, ils ouvraient une pharmacie au quartier Bastos, à huit cent mètres de leur maison qu'ils avaient bâtie durant la période comprise entre le jour où ils prirent la décision de s'unir l'un à l'autre et mai 1981.

Un an plus tard, leur couple affronta sa toute première difficulté : le décès du père de Darwin de suite de crise cardiaque. Ils souffrirent dans leurs cœurs, mais pas seulement eux. Car Laurent, Jean-Charles et Julia, les deux frères et la sœur de Darwin souffrirent eux aussi. La souffrance de ceux-ci et le soutien que leur apportèrent les parents de Michelle ainsi que ses deux sœurs et ses deux frères permirent à tous de faire face, rapprochant un peu plus les familles de Michelle et de Darwin.

***

Darwin Junior se révéla tout de suite comme un enfant capricieux, ce que ses parents, ne voulant pas l'encourager dans cette voie bien qu'ayant les moyens matériels de subvenir à la plupart de ses caprices, s'empressèrent de réprimer avec sévérité. Ainsi, à l'âge de cinq ans, Darwin était un garçonnet conciliant, presque toujours satisfait de ce que lui proposaient ses parents. De fait, ce que lui proposaient ses parents se révélait toujours judicieusement choisi, et donc, même si Darwin Junior avait voulu protester, il aurait eu peu de raisons de le faire. Les parents Lon Yem estimaient, de leur côté, savoir exactement et pour la majorité des cas ce que voulait sa progéniture.

13

Christian, comprenant instinctivement les règles de la maison, malgré son jeune âge, choisit de ne jamais protester, ou du moins, fut-ce le cas pour les premières années de sa vie. Car, plus tard, il se caractérisa par sa façon très intuitive et très judicieuse d'émettre ses protestations. Ceci ajouté au fait qu'il parlait peu fit de lui une sorte de petit mystère pour ses parents.

Babylonine, quant à elle, de nature très capricieuse et têtue, ne put guère être facilement maniée et guidée. Ce double caractère se révéla chez elle lorsqu'elle avait quatre ans. Un soir qu'elle avait commis une bêtise pour laquelle elle reçut une petite correction, elle se mit à injurier son père. Ceci lui attira évidemment une autre correction, mais alors qu'elle venait tout juste de se faire corriger, elle traita son père d'imbécile. Autre petite fessée puis enfermement pour la soirée dans une chambre. Trente minutes plus tard, voulant la consoler et rentrer à nouveau dans ses bonnes grâces, le père Darwin se vit nettement rejeté : elle ne lui adressa quasiment pas la parole et ne daigna même pas répondre à ses propositions de friandises. Elle ne mangea pas ce soir-là, ceci malgré les injonctions et menaces de son père. Elle accepta néanmoins de s'asseoir à table, mais ne toucha pas à son assiette.

Ils n'avaient pas torts lorsqu'ils affirmaient savoir exactement et pour la majorité de leurs désirs, ce que voulait leur progéniture. Et ceci demeura vrai jusqu'aux environs des onze ans de Babylonine. Mais en réalité, aucun des enfants Lon Yem ne pouvait définir avec exactitude le jour où cela cessa d'être vrai. Il s'avéra cependant qu'à l'époque où il devint évident que les parents Lon Yem ne savaient plus du tout ce que voulait sa progéniture, Babylonine était devenue une sorte de peste pour ses parents…

Mais avant que cette époque n'arrivât, l'enfance de la progéniture Lon Yem se déroulait dans l'innocence et le bonheur.

Darwin Junior était un enfant turbulent, joueur et même dangereusement joueur. De mémoire, il se rappellera toujours ce jour de sortie de classes où, alors que l'on venait de sonner la fin des cours et que les élèves du Cours Préparatoire – sa classe à ce moment-la – sortaient de la classe en courant et en criant d'excitation, il fit un croc-en-jambe à l'une de ses camarade. En tombant, celle-ci se blessa, heureusement pas gravement… Ceci lui valut de se faire taper sur les articulations des doigts par sa maitresse, règle à la main. Son forfait n'était pas passé inaperçu aux yeux de ses camarades tout aussi turbulents, joueurs et dangereusement joueurs que lui.

Un autre jour, alors qu'il était en classe de Cours Élémentaires I, voulant faire un grand écart pour intercepter un ballon, il fit exploser l'entrejambe de la culotte de son uniforme. Un de ses camarades, particulièrement taquin, se chargea de lui faire regretter cette maladresse. Se saisissant d'un bâton, il entreprit de révéler aux yeux de tous ceux qui le voulaient la couleur du caleçon de Darwin Junior. Ceci ne plut évidemment pas au concerné qui, voulant se faire justice, entreprit de faire payer ses actions dégradantes à leur forfaitaire. En vain, car celui-ci était… plus agile que lui. Et puis, il n'avait pas lui, le handicap d'une culotte sans entrejambe ! Ce soir-là, Darwin se fit vertement rabrouer.

Et encore cet autre jour où, alors que Darwin Junior, son petit frère et sa petite sœur se rendaient à l'école primaire. Ils eurent l'idée, pas du tout judicieuse, de taquiner les chiens de l'un de leurs voisins. Le sprint qu'ils firent ce matin-là, talonnés par une horde de chiens ! Hors d'haleine, Darwin Junior choisit de faire un plongeon dans la broussaille bordant la route. Ce choix lui valut l'honneur d'une plaisanterie qui lui colla à la peau toute sa vie au sein de la famille, Babylonine étant la maitresse d'œuvre de ladite plaisanterie. En effet, elle argua qu'un des chiens qui les poursuivaient entra ce jour-là dans les broussailles où plongea Darwin Junior et lui lécha gentiment le visage. Ce qui était évidemment loin d'être vrai, puisque le chien de tête ayant remarqué sa déconfiture s'empressa – ce qui sembla être fait avec majesté – de faire rebrousser chemin à ses congénères. Ils arrivèrent un peu en retard ce jour-là à l'école, ayant été obligé de se faire refaire un brin de toilette. Heureusement, leur école n'était pas éloignée de la maison familiale…

La belle époque, comme s'accorda toujours à dire Darwin Junior lorsqu'il songeait à son enfance avec son petit frère et sa petite sœur. Une enfance marquée par leurs visites à leurs tantes et oncles maternels et paternels. Une enfance également marquée par l'amour que Darwin Junior portait à sa grand'mère paternelle ainsi que par celui que portait Christian à leur grand-père maternel. Celui-ci décèdera en 1998 de suite d'un cancer de la prostate tardivement diagnostiqué, laissant le jeune Christian meurtri et légèrement plus introverti. Aucun des enfants Lon Yem ne connut leur grand-mère maternelle puisque celle-ci décéda brutalement au cours d'un accident de la circulation en venant rendre visite à sa fille, son beau-fils et son petit-fils Darwin junior né à peine un an plus tôt.

II-   Innocence et heurts

Grand-mère paternelle

Darwin Junior se souvint toujours de sa grand'mère paternelle comme étant une sorte de modératrice de tous les élans des membres de la famille, les bons comme les mauvais élans, les meilleurs comme les pires aussi.

Ainsi, c'est elle qui refreina les envies de divorce de Julia, sa fille, au cours de l'an 1998 après six années de mariage. C'est elle également qui modéra le côté trop entreprenant de ses fils dans leurs vies d'hommes d'affaire en les invitant infatigablement à la prudence. Elle était consultée en permanence pour ceci ou pour cela.

Un pilier, voilà ce qu'elle représentait dans l'esprit de Darwin Junior. Et cette image ne ternit jamais en son for intérieur, même plus tard, après qu'elle décédât et que Darwin Junior ainsi que toute la famille se mit à faire face à ses pires malheurs et difficultés.

Et le pilier s'écroula en décembre 2002 – de vieillesse à ce qu'il sembla à tous puisque personne ne sut jamais réellement la cause de son décès : elle souffrait de tant de maux –, sonnant le glas de la déchéance pour la famille Lon Yem.

Lon Yem Darwin Junior, ses amours de jeunesse

Ce fut à neuf ans, en classe de Cours Moyen I que son cœur s'ouvrit pour la première fois à l'autre sexe. Ce ne fut certes pas de l'amour, mais un béguin. Un gros béguin qui le poursuivit durant toute cette année de classe. La fille en cause devait avoir entre huit et dix ans.

Darwin Junior était d'une timidité maladive face aux femmes, plus précisément, aux filles. Quasiment de la peur. Une trouille tellement forte qu'il éprouvait toujours des difficultés à s'exprimer devant une fille – plus grave encore, devant un groupe filles.

Mais ce ne fut pas à neuf ans que l'autre sexe se mit à l'intéresser puisqu'il y avait déjà eu cette fille du Cours Élémentaire I – qui sentait toujours bizarrement à cause de son lait de toilette. Il avait sympathisé avec elle au point de vouloir presque toujours être assise à côté d'elle, que ce soit en classe ou hors de la classe. Ceci lui valut quelques quolibets de la part de ses camarades dont certains n'étaient pas tout à fait sympathiques. Il y avait aussi eu cette amie de ses parents de qui il s'était toujours arrangé pour se faire remarquer chaque fois qu'elle venait à la maison. Elle finit par l'appeler « son petit mari », ce qui le combla de bonheur. Cette nuit-là, il fantasma sur elle. À sept ans !

Mais, que ce fut pour cette amie de ses parents ou pour cette camarade du Cours Élémentaire I, son cœur ne s'ouvrit pas. Avec du recul, et chaque fois qu'il songeait plus tard à ces deux personnages féminins, il s'accordait à dire que ce n'était – déjà ! – des pensées d'ordre sexuel. Quant aux idées de mariage qui venait avec, ce n'était qu'affabulations. « Le mariage, à sept ans ? Quand même ! » se disait-il alors lorsqu'il y repensait. Curieusement, il ne s'était même pas réellement senti timide face à cette amie de ses parents !... Il ne savait même pas encore ce que c'était, la timidité face à une femme.

Pourtant, deux ans plus tard, il y eut ce béguin pour sa camarade du Cours Moyen I. Et, lui sembla-t-il, la fillette le remarqua. Elle s'amusa à lui donner innocemment quelques petites frayeurs de temps en temps... sans savoir qu'il tremblait littéralement chaque fois qu'elle lui adressait la parole !

Son béguin pour elle finit avec l'année scolaire, mais il resta des réminiscences puisque chaque fois qu'il la croisait hasardeusement l'année suivante, son cœur se rappelait à son souvenir par un effet boule de neige. Ils firent tous les deux leur Certificat d'Études Primaires et Élémentaires (CEPE) et l'obtinrent, accédant ainsi aux études secondaires. Mais ils s'inscrivirent ensuite dans des établissements différents, non éloignés l'un de l'autre, ce qui fit qu'il put l'apercevoir de temps à autre à la sortie des cours.

Il y eut d'autres béguins, les uns plus marqués que les autres. Puis, il y eut Manga Onguéné Cynthia, une fille de la classe de Quatrième située à l'étage juste au-dessus de celui où se trouvait une partie des classes de Troisième, classe qu'il faisait l'année où elle s'inscrivit dans l'établissement. Ce fut le coup de foudre, la première fois qu'il la vit. Et il ne lui fallut pas longtemps pour commencer à échafauder des plans pour l'aborder. D'abord, il voulut savoir son âge, ce qu'il découvrit en faisant un tour au babillard où étaient affichées les listes des élèves de chaque classe du lycée. Treize ans, alors que lui n'en avait que douze ! Il s'accorda alors à dire que ceci n'arrangeait pas sa situation – déjà compliquée à cause de sa timidité. Il lui fallut près de quatre mois pour trouver la brèche lui permettant d'entrer en contact avec elle. Et ce fut lors des répétitions relatives à la préparation de la soirée donnée dans l'établissement à l'occasion de la semaine de la jeunesse. Une semaine de la jeunesse traditionnellement close par la Fête de la Jeunesse, le 11 février.

Ce jour-là, en passant à proximité de la classe où se tenaient les répétitions des play-back, il l'aperçut. Elle était en train de répéter la célèbre chanson de Céline Dion, *My Heart Will Go On*. Il fut tant ému que, bravant sa timidité – ou plutôt l'oubliant – pour un instant, il l'aborda.

- Vous devriez devenir chanteuse, fit-il sans ambages une fois qu'il fût à côté d'elle.

Elle le regarda droit dans les yeux, assez sévèrement d'abord – sa timidité ne s'éveilla pas pour autant peut-être parce qu'il était trop pris à détailler d'aussi prêt son visage – , et… ô miracle, lui sourit.

- N'est-ce pas ? fit-elle.
- Tout à fait, confirma-t-il en souriant plus largement encore qu'elle ne l'avait fait, le cœur en joie (*Elle lui avait souri, à lui !*). On croirait presque que c'est toi qui l'a écrite, cette chanson. Vraiment, tu m'as subjugué.
- Merci.

Après cette réponse, il ne trouva brusquement plus rien à dire. Plantant ses yeux sur le microphone qu'elle tenait à la main, il se mit à réfléchir à toute allure : que dire, que dire ?

- Alors ? dit-elle (Elle attendait déjà la suite).

Brusquement interrompu dans ses pensées, il cligna des yeux et n'ayant toujours pas trouvé quoi lui dire, il planta une fois de plus les yeux sur son visage. Il allait se mettre à paniquer lorsqu'il remarqua le point de beauté au coin de sa bouche. Alors, l'inspiration lui vint tout d'un coup.

- Vous êtes très belle. Je vous le dis quand même, même si je sais qu'on te l'a déjà dit plusieurs fois avant moi.

Et il savait de quoi il parlait. Elle avait une véritable foule d'admirateurs. À chaque pause, elle avait toujours au moins deux garçons qui l'emmenaient à la cafétéria du lycée.

- Merci quand même, dit-elle d'un ton égal avec juste un demi-sourire.

Il enchaina.

- Vous me plaisez énormément. Puis-je encore vous voir.

Elle resta silencieuse un moment. Et il se pendit à ses lèvres.

- Je vais y réfléchir, dit-elle enfin.
- Et quand est-ce que je saurai ta réponse ?
- Plus tard.

Abasourdi et subitement en véritable panne sèche d'arguments et de mots, il ne put que dire :

- Bon, à plus tard donc.
- O.K., fit-elle quelque peu distraitement.

En s'éloignant, il fut tout d'abord submergé par un sentiment d'abattement. Et puis, brusquement, il s'arrêta en réalisant d'un seul coup ce qu'il venait de faire : il venait de bavarder avec la fille qui le fascinait depuis plusieurs mois déjà, il avait osé lui dire le fond de sa pensée et enfin, il avait quand même obtenu un compromis à défaut d'autre chose !

Il rêva d'elle cette nuit-là, plus qu'il n'en avait jamais fait avant d'une fille. Et il rêva encore d'elle les nuits suivantes. Encore et encore.

Trois jours plus tard, il chercha à la rencontrer. Lorsqu'il réussit enfin à le faire, il lui rappela sa promesse de lui répondre.

- Je n'y ai pas encore réfléchi, lui répondit-elle presque sèchement.
- Je commence à me demander si tu y réfléchiras un jour !
- Qui sait ? lâcha-t-elle avec quelque air énigmatique.

Très déstabilisé, il ne sut une fois de plus pas quoi dire. L'ayant regardé répéter quelques minutes, il s'en fut au moment où l'un de ses admirateurs des plus assidus vint la retrouver.

Elle répondit distraitement à sa prise de congé.

Elle ne lui donna jamais de réponse malgré son insistance. Comprenant finalement – à la fin de l'année scolaire ! – ce refus de lui répondre, il abandonna sa cour auprès d'elle. Du reste, son père qui était lieutenant de police à ce moment-là fut affecté à Ebolowa. Elle déménagea donc avec sa famille. Et il la perdit définitivement de vue.

Il obtint son Brevet d'Étude du Premier Cycle (BEPC) cette année-là, ce qui atténua ses problèmes de cœur. Ce coup de foudre-là fut très rude. Il en eut d'autres, mais ils ne furent jamais comme celui-là : violent... Son premier coup de foudre.

Il s'en remit pendant les vacances. Ce fut durant celles-ci qu'ils perdirent leur grand-père maternel. Ils durent, de ce fait, passer une partie de celles-ci dans un village situé non loin d'Édéa : le village natal de leur mère, Michelle Ngo Nkam.

Ces vacances, des quelques rares qu'ils passèrent avec leurs cousines et cousins – maternels et paternels –, furent les plus merveilleuses. Malgré le deuil.

Au début de l'année scolaire suivante, un de ses amis le présenta à son amie d'enfance, Bouquette Alice Ayissi, une fille du même âge que lui – treize ans – comme il le découvrit avec plaisir quelques semaines plus tard. Celui-ci l'encouragea vivement à la draguer[1] après ces présentations… et quels encouragements ! Il lui affirma que cette fille était pour lui, belle comme elle était. Il ajouta qu'il n'avait pas intérêt à se planter, « peureux » comme il le connaissait !

Alors, il lui montra qu'il n'était pas un « peureux ». Il la courtisa. Il la courtisa tant et si bien qu'un mois après qu'ils furent présentés l'un à l'autre, elle était devenue sa petite amie attitrée. En décembre, au moment d'aller aux congés de Noël, ils découvrirent qu'ils s'étaient épris l'un de l'autre, sans s'en être douté une seule fois les jours précédents.

En fin mars de l'année suivante, alors âgés de quatorze ans, ils firent un grand bond en avant dans leur relation : ils eurent des relations sexuelles. Ceci eut lieu dans la chambre de l'un des amis de Darwin Junior qui était moins surveillé par ses parents. Ce fut assez brouillon, surtout, au moment d'enfiler le préservatif, mais à la fin, ils s'avouèrent assez satisfaits de leur expérience – la première comme ils se l'avouèrent l'un à l'autre plus tard avec une toute petite gêne. Mais, ils eurent l'occasion de rectifier leurs tirs lors de prochaines expériences sexuels. Car, ce fut réellement parfois des expériences sexuelles… des expérimentations sexuelles même ! Une après-midi, elle lui fit une fellation, expérience qu'elle aima beaucoup, presqu'autant que lui, lui sembla-t-il. Elle le refit plusieurs fois par la suite, très volontairement. Il essaya quant à lui de lui « faire la chatte[2] » une fois, mais il apprécia tellement peu l'expérience qu'il n'alla pas jusqu'au bout de celle-ci… ils durent donc se contenter d'une relation sexuelle normale ce jour-là. Déçue, elle le fut et elle le lui montra du reste, mais ne lui en garda aucune rancune. Plus tard ce jour-là, pour lui montrer qu'elle ne lui en gardait aucune rancune, elle lui dit

---

[1] Draguer : faire la cour
[2] Faire la chatte : cunilu lingus (dans le langage Kama Sutra).

que leurs autres expériences sexuelles la satisfaisaient largement.

Ils réussirent tous les deux leur passage en classe de première cette année-là, elle pour la Première A et lui pour la Première D.

Trois années durant, ils sortirent ensemble, sans aucun sujet majeur de discorde. Ainsi, ils eurent leur examens – Probatoire et Baccalauréat – en même temps. Ayant décidé de faire le Droit, elle s'inscrivit à l'université de Yaoundé II en Faculté des Sciences Juridiques et Politiques tandis qu'il s'inscrivait en filière Biochimie à la Faculté des Sciences de l'université de Yaoundé I. heureux, ils l'étaient. Et heureux, ils le restèrent jusqu'à ce soir de novembre 2001 où elle le surprit en compagnie d'une autre fille.

Elle aurait pu passer dessus puisqu'elle lui faisait confiance parce que n'ayant jamais eu une seule raison de ne plus la lui accorder jusqu'ici. Mais, elle les vit s'embrasser sur la bouche avant que la fille ne montât dans le taxi qu'ils venaient de héler.

Choquée, elle rentra chez elle sans se faire remarquer de lui en décidant de revenir le lendemain après avoir fait le point. Le lendemain dans la matinée, elle était dans sa chambre, assise sur une chaise, le regardant dans les yeux tandis qu'il lui souriait, allongé en diagonal sur le lit. Elle, pour sa part, ne souriait pas. Et depuis dix minutes qu'elle était entrée dans sa chambre – une chambre dont elle connaissait les moindres recoins pour y avoir parfois passé des journées entières avec lui –, elle n'avait pratiquement rien dit se contentant de répondre à ses questions per des monosyllabes ou carrément par des silences. Elle cherchait, avec appréhension, la meilleure manière d'aborder *le* sujet. Elle opta pour la manière directe.

-    Qui était cette fille, hier soir ?

Il montra sa surprise en la dévisageant, les yeux ronds. Il ne nia rien.

- Une fille que j'ai croisée comme ça. Je te rassure tout
  de suite, il ne s'est encore rien passé entre nous.

Elle le dévisagea longuement. Il venait de la blesser très profondément. Il venait de rompre quelque chose en elle : le lien de la confiance. Et enfin, il venait de tuer une espérance : celle qu'elle avait en croyant fermement que cette fille n'était rien pour lui.

- Encore rien passé entre vous ? Donc, il se passera
  alors sûrement quelques tôt ou tard ? Et puis, vous
  vous êtes quand même embrassés hier… Ça, je ne
  crois pas que c'ait été rien en regard de ce que tu
  viens de me dire à savoir que c'est une fille que tu as
  croisé comme ça.

Un court moment de silence.

- Vous vous voyez depuis combien de temps ? Quand
  est-ce que vous vous êtes rencontrés et où ?

Alors, il visualisa cette après-midi il y a une semaine, celle de sa rencontre en Paulita.

- Ngo Makeng de mon patronyme, comme elle ajouta
  peu après avoir donné son prénom.
- Une Bassa'a, alors ?
- Oui. Tu aurais quelque chose contre ?
- Non.

Ils étaient tous les deux en train de courir autour d'un petit terrain de foot situé non loin de la maison de Darwin Junior, leurs pieds battant quasi-synchroniquement le sol. Les premières paroles avaient été échangées quelques quinze minutes plus tôt. Mais, Darwin Junior l'avait aperçue une trentaine de minutes avant ce premier échange de paroles – joli brin de fille, s'était-il dit –, et depuis, cherchait comment l'aborder. Ainsi, trente minutes après l'avoir aperçue, il trouvait la brèche : sa façon de courir. Alors, il avait lâché en la rattrapant, un peu essoufflé après un court sprint :

- Vous avez une belle façon de courir, jolie demoiselle.
  Franchement, j'admire la souplesse de vos foulées.

Elle s'était tournée vers lui brièvement.

- C'est à moi que vous vous adressez ? fit-elle tranquillement.
- Je suppose que oui, vue qu'il n'y a personne d'autre autour de moi à trente mètres à la ronde mis à part vous.
- Je vois.

Ils continuèrent de courir en silence pendant quelques secondes avant qu'elle ne lâcha en souriant très largement :

- Vous n'avez vraiment trouvé aucune autre manière d'entrer en matière que celle-là ?
- Si, répondit-il en riant. Mais, je me suis dit que celle-ci était la meilleure. Alors, comment l'avez-vous trouvée ?
- Pas mal, en fait. Je ne savais pas que j'avais des foulées souples. Dis-moi franchement, tu le pensais réellement ?
- Oui, répondit-il sans aucune hésitation.

Il y eut un autre court instant de silence après lequel vinrent les présentations.

Une heure plus tard, dédaignant d'emprunter un taxi, il la raccompagna en marchant jusque chez elle. La résidence de ses parents avec lesquels elle vivait se trouvait à trois kilomètres environ du petit terrain de foot. Devant le portail, ils échangèrent leurs numéros de téléphone. Elle marqua un temps d'arrêt en lisant son nom – il ne lui avait donné que son prénom sur le terrain.

- Lon Yem ? Tu es donc aussi un Bassa'a ?

Il nota le tutoiement.

- Eh oui.
- Petit cachotier, dit-elle faignant l'indignation.
- Désolé, ma belle, dit-il loin d'être désolé, content même que cette stratégie-là ait marché. On s'appelle quand même ?
- Non ! Tu m'appelles. Et j'espère bien, le plus tôt possible.

Il ne répondit rien aux questions d'Alice. Il ne lui raconta pas sa rencontre avec Paulita. Il garda le silence.

De ce jour, elle devint rare chez lui, ayant des relations sexuelles à l'occasion mais toujours avec la même passion. Quelques mois plus tard, en juin, elle partait pour l'Angleterre rejoindre sa grande sœur et continuer ses études. Ils restèrent cependant en contact, correspondant par courriels ou par téléphone. Mais ceci ne dura pas longtemps puisqu'ils se mirent à s'écrire de plus en plus rarement et à ne quasiment plus se téléphoner. Et enfin, il n'y eut plus rien.

Cependant, entre Paulita et lui, c'était de plus en plus le grand amour. Il omit pourtant de lui dire qu'il était en relation avec une autre fille, que ladite relation était en agonie. Il ne dit, ni à l'une, ni l'autre qu'il souffrait terriblement de cette agonie. Ce faisant, il découvrit deux choses : les affres d'une rupture et les souffrances d'un cœur d'homme partagé entre deux femmes dont l'une était en train de s'éloigner de lui inéluctablement.

Il les aimait toutes les deux, bien qu'il aimât de plus en plus intensément Paulita.

Au moment où il perdit contact avec Alice, son amour pour elle était devenu moins douloureux. Et son double attachement sentimental ne lui pesait déjà plus autant qu'au début.

L'habitude était donc réellement une seconde nature.

En septembre, il fit le concours d'entrée en Faculté de Médecine et des Sciences Biomédicales – l'ex-CUSS. Il obtint l'admissibilité, mais après l'épreuve de l'oral, lorsque sortirent les résultats définitifs – les noms des quatre-vingt-dix admis classés par ordre de mérite et sélectionnés parmi les deux cent dix admissibles –, le sien n'y était pas.

Il eut mal, mais décida – encouragé par ses parents qui ne voulaient pas qu'il s'inscrivît dans une faculté de médecines à l'étranger – de le refaire l'année suivante. En attendant, il s'inscrivit en deuxième année de Biochimie.

III-   Heurts et déchéance

En décembre 2002, quelques jours avant Noël, la grand-mère paternelle décéda. Ceci eut comme conséquence des fêtes de fin d'année morose et un mois de janvier durant lequel tout le monde à la maison, sans exception, se montra très irritable.
La famille Lon Yem toute entière était effondrée et la famille Nkam, celle de Michelle, compatissait douloureusement. Le pilier s'en était allé.

Darwin Junior refit le concours d'entrée en première année de la faculté de médecine ainsi qu'il le décida un an plus tôt. Une fois de plus, il eut l'admissibilité mais pas son entrée en première années d'études médicales.
Autre déception, autre douleur. Autre décision de le refaire l'année suivante. Pour l'ultime fois. Car le règlement du concours ne permettait pas de le faire plus de trois fois.

Cette année-là, Babylonine, alors âgée de treize ans, fut inscrite au Collège Vogt comme interne en classe de Seconde C. Décision parentale pour la punir. Elle était, à leur avis, à l'apogée de la rébellion. En tout cas, elle en faisait désormais plus qu'ils ne pouvaient en supporter, pris qu'ils étaient par leurs activités de pharmaciens et les négociations pour l'ouverture d'une nouvelle pharmacie.
En colère ainsi que dans un état de frustration évident, Babylonine n'eut pas d'autre choix que de se plier à la décision parentale en intégrant le Collège Vogt. Elle y restera trois ans, y obtenant son Probatoire C puis son Baccalauréat C à seize ans.

Ce fut également cette année-là que Christian, après un parcours sans embuches, obtint son Baccalauréat C à seize ans. Puis, il décida catégoriquement et de manière inflexible de faire le concours d'entrée dans une école supérieure de télécommunication dakaroise ayant une représentation au Cameroun – ses parents auraient préféré qu'il s'inscrive dans une école d'ingénierie en télécommunication marocaine. En attendant la prochaine session du concours – puisque celle de cette année-là avait eu lieu quasiment au moment où il composait son baccalauréat –, il s'inscrivit à l'université de Yaoundé I en Physique.

Ainsi, deux semaines avant l'ouverture de la deuxième pharmacie familiale, il composa les épreuves écrites du concours d'entrée à l'École Supérieure Multinationale de Télécommunication de Dakar avec six cent autres candidats. Une semaine plus tard, à la sortie des résultats, il avait l'admissibilité.

La semaine de l'ouverture de la deuxième pharmacie familiale, il passa les épreuves orales et en fin juillet 2004, il était reçu pour entrer en première année.

Un mois et demi plus tard, après avoir composé pour la troisième fois le concours d'entrée en faculté de médecine, Darwin Junior l'échouait après avoir obtenu l'admissibilité sur plus de trois mille huit cent candidats, ceci, à la surprise générale. Paulita en fut choquée aux larmes.

Révolté, meurtri et se sentant profondément méprisé, Darwin Junior décida de faire la lumière sur son cas. Considérant le fait que les noms des admis étaient classés par ordre de mérite, il prit la résolution de rencontrer le doyen de la faculté de médecine afin de lui demander des explications. Mais, avant qu'il ne le fasse, il en parla à son oncle Jean-Charles. Celui-ci appela une de ses relations qui était un proche collaborateur du doyen.

Le concours d'entrée en première année de la faculté de médecine et de sciences biomédicales était un concours politisé, l'informa-t-il. Il s'expliqua en disant qu'il fallait avoir une relation influente qui pût « suivre votre dossier » après la sortie des admissibilités pour espérer obtenir l'admission en première année des études médicales.

À la question de savoir si l'on pouvait avoir accès aux procès-verbaux donnant les noms des candidats admissibles ainsi que leurs points dans les trois épreuves – l'étude des dossiers, l'écrit et l'oral – qui constituent le concours, il répondit que ces procès-verbaux étaient inaccessibles puisque, semblerait-il, ils étaient entre les mains des différents enseignants membres des jurys. Normalement, se dit Darwin Junior à ce moment-là, ces procès-verbaux devraient être dans les archives de l'établissement et donc directement accessibles au public ! Choqué, il attendit que son oncle en terminât avec son coup de fil pour lui dire sa surprise et l'état de choc dans lequel il était après ces révélations.

Avant que la communication ne se terminât, il demanda à son oncle de s'enquérir auprès de sa relation s'il était au moins possible de rencontrer le doyen. Une question à laquelle l'autre répondit en disant que c'était inutile ; et il argumenta qu'il y avait de forte, en faisant cette démarche-là, de s'entendre dire par le doyen les mêmes choses que celles qu'il venait de leur dire. L'oncle écouta encore assez longtemps l'homme lui débiter sa diatribe et sa colère contre la pourriture qui s'était installée dans la bonne marche des institutions, transformant cette bonne marche en ce machin qui ressemblait à un sac dans lequel courrait tout le monde sans qu'il semblât qu'il pût exister une voie de sortie. Enfin, il raccrocha.

Après que Darwin Junior lui eût dit sa surprise et son état de choc, ils se mirent à échanger leurs autres impressions. À la fin, Darwin Junior lui dit sa nouvelle détermination à amener son cas auprès de la presse. Approuvant sa décision, son oncle lui remit le numéro d'un journaliste d'une chef de télévision privée en le lui recommandant chaudement.

Toute la semaine suivante, Darwin Junior se rendit dans différentes maisons de presse de Yaoundé, rencontrant des rédacteurs en chef. Ceux-ci l'orientaient vers des journalistes qui recueillaient ses propos et les résumaient dans leurs blocs notes. À la fin de chaque entretien, il sortait des bureaux de ces maisons de presse avec l'assurance - données par les journalistes – de recouper ses propos sur le terrain. Par ailleurs, ils l'assurèrent qu'ils l'appelleraient sur son téléphone portable une fois le travail de terrain terminé. Mais il ne fut rappelé qu'une fois par l'un des journalistes qui ne venait que de commencer le travail de terrain et qui voulait qu'il lui donnât le nom et le numéro de téléphone de la relation de son oncle. Un numéro de téléphone que Darwin Junior ne possédait pas et que son oncle refusa de communiquer pour des raisons de préservation de l'identité de sa relation. Il consentit cependant à ce que Darwin Junior donnât son propre numéro au journaliste pour que celui-ci lui téléphonât, lui, puisque c'est lui qui téléphona à cette relation. Ainsi, il pouvait lui être utile en répétant les paroles de cette relation à défaut d'interviewer celui-ci en personne.

Après cet unique coup de fil, il n'en reçut aucun autre. Et ce fut lui plutôt qui appela certains des journalistes, pour s'entendre dire invariablement qu'il fallait qu'il patientât, que les enquêtes de terrain prenaient du temps, surtout que cette affaire-ci se révélait être très délicate.

Au bout de deux semaines de patience, dégoûté par la presse et les journalistes de son pays, et comprenant qu'il n'obtiendrait jamais rien d'eux, il se résolut à ne plus jamais avoir de rapport avec eux tant qu'ils continueront à montrer leur enchaînement à leurs vices anti-déontologiques. Ils avaient peur de s'attaquer à leurs propres actes car ils étaient corrompus et semblaient devoir encore le rester longtemps, ce qui était un vice anti-déontologique.

Darwin, qui se montra assez réticent au début de l'entreprise de son fils, s'y montra un peu favorable par la suite afin de pouvoir le surveiller pour qu'il ne fût pas victime d'un dérapage. Lorsque Darwin Junior lui dit qu'il avait abandonné la bataille, il ne réussit pas à cacher son soulagement. Ensuite, il l'assura qu'il *s'occuperait* de son cas s'il était toujours déterminé – comme lui-même et Michelle l'étaient – à entrer en Faculté de Médecine. Darwin Junior lui répondit qu'il l'était toujours. Alors, lui faisant un sourire énigmatique, son père changea de sujet de conversation.

Il s'inscrivit en quatrième année de Biochimie avec la détermination d'obtenir sa maîtrise de Biochimie cette année-là même, ce qui lui permettrait de s'inscrire dans une école internationale de médecine le plus tôt possible, en troisième année, ou à défaut, en première année mais avec un très bon niveau de base. Mais, au cours de l'année académique, il fut frappé d'une certitude : son père allait commettre un acte grave.

Et il le fit. Il l'inscrivit en Faculté de Médecine en lui expliquant que c'était ainsi que marchait le pays. Il le fit en lui révélant autre chose d'autrement plus grave : l'année précédente, ils avaient comploté, Michelle et lui, pour empêcher l'ouverture d'une pharmacie concurrente par un jeune pharmacien à quelques sept cent mètres de leur première pharmacie. Il lui avoua avoir eu recours aux pots de vin pour y parvenir. Des pots de vin destinés à des personnes déterminantes dans quelques ministères.

Blessé par les actes de ses parents, il le fut mais il ne le leur dit pas. Il avait trop honte. Il savait qu'il risquait de craquer en le leur disant et qu'il aurait ainsi pu se retrouver en train de dire des paroles dépassant ses pensées.

Alors, il intégra la Faculté de Médecine et des Sciences Biomédicales bien que se sentant diminué par les magouilles de ses parents pour l'y inscrire. Ce faisant, il se résolut à mériter pleinement par le travail cette place qui n'était peut-être pas la sienne. Car, cette place était peut-être

celle d'un candidat ayant réellement concouru comme il l'avait fait lors des trois sessions précédentes…
Oui, se dit-il, je dois la mériter par le travail, cette place d'un autre.

Cette année-là, sous l'impulsion d'une nouvelle décision de ses parents, Babylonine se retrouva à Paris dans une famille d'accueil, à quinze ans. Allant contre son avis de s'inscrire comme interne dans une université française pour faire des études d'astrophysique, Darwin et Michelle avaient décidé de l'inscrire à l'École Supérieure Polytechnique de Paris pour des études d'aéronautique, ce qui s'avéra plutôt facile grâce aux très bons résultats de Babylonine.
Avec une famille d'accueil qui ne la surveillait pas efficacement et une ville de Paris aux multiples facettes, Babylonine trouva l'environnement approprié, favorable à ses dérives. Des dérives qui ne se révélèrent que presqu'un an et demi après son arrivée à Paris, à la surprise générale. Car tout le monde dit n'avoir rien vu venir.
Mais Darwin Junior avait, lui, vu venir la catastrophe, ceci, au cours des quelques visites qu'ils avaient rendues à sa petite sœur dans son internat au Collège Vogt. Dans ses paroles et son attitude, il avait alors lu l'apparente soumission de sa petite sœur.
Mais il ne le dit pas à leurs parents.

***

En mai 2005, au cours d'un remaniement ministériel, un nouveau ministre de la Santé Publique fut nommé.
Six mois plus tard, après une enquête dont les échos parvinrent trop tard à Darwin et Michelle, éclatait un scandale autour de l'origine d'une importante quantité de médicaments ayant été vendus ou étant en dépôt-vente dans les deux pharmacies familiales. L'enquête révéla que les médicaments incriminés avaient été tirés de divers stocks de

médicaments appartenant à une ONG américaine. Lesdits médicaments devaient être gratuitement distribués dans des hôpitaux. Ils avaient été acquis à un prix nettement inférieur à leur cours officiels par Darwin et Michelle avec la complicité du directeur de la représentation camerounaise de l'ONG et de quelques-uns de ses collaborateurs. Le trafic durait depuis trois ans.

Dans la famille élargie, l'affaire fit l'effet d'un séisme. Surprise, mauvaises langues, commentaires avisés, commentaires mal avisés, jugements, ainsi que tous les « Je savais bien que cela allait arriver un jour » ou « Ces deux-là ? La façon dont ils tramaient leurs affaires, leur complicité… Je savais bien que ça allait provoquer quelque chose un jour… ». Tout y passa. Après le premier choc cependant, il fut désormais question de trouver le meilleur moyen de s'en sortir.

Alors, on mit en œuvre les meilleures relations. On prit des rendez-vous avec des personnalités importantes. Mais rien n'y fit. La machine judiciaire qui avait, pour une fois, trouvée la proie idéale s'était résolument ébranlée. Et en début mars 2006, après trois mois de procès et de rebondissements, Lon Yem Darwin et son épouse, Ngo Nkam Michelle étaient condamnés à dix ans d'emprisonnement ferme. Les jours suivants, une dizaine d'autres personnes, complices du couple, écopaient de peines moins lourdes. Seul le directeur de l'ONG eu la plus lourde : treize ans ferme.

Quatre mois plus tard, les éclaircissements ayant été faits sur la gestion des deux pharmacies familiales, celles-ci furent mises, à l'issue d'un court conseil de famille sous la responsabilité de Jean-Charles, le frère aîné de Darwin qui possédait à ce moment-là quatre quincailleries à la réputation déjà établie. Il s'empressa de prendre comme conseiller à la gestion Franck Owona Owona qui, bien que travaillant avec Darwin et Michelle quasiment depuis la création de la première pharmacie, était sorti totalement blanchi de l'affaire du trafic de médicaments. Ce fut une sage décision, il n'y eut plus de scandale autour de la gestion des deux pharmacies, et cinq ans plus tard, une troisième pharmacie était ouverte.

***

Quelques semaines avant la fin du procès, Laurent, le frère cadet de Darwin, lors d'un voyage à Paris, alla rendre visite à sa nièce. Une visite surprise dont l'issue se révéla surprenante autant pour toute la famille Lon Yem que pour la famille d'accueil de Babylonine…

Babylonine n'était pas dans sa chambre à son arrivée chez les Berger. Ils voulurent le faire patienter au salon, mais il refusa poliment et gentiment, disant vouloir découvrir la chambre de sa nièce. Ils la lui montrèrent. Laurent découvrit une chambre tellement en désordre qu'il dut s'y déplacer avec précaution pour ne pas piétiner quelque objet important trainant sur le plancher. Il y avait une légère couche de poussière sur quelques autres objets, notamment, sur le matériel électronique.

-   Elle est presque toujours comme cela, cette chambre, dit madame Berger. Chaque fois ou presque que je viens ici, depuis environ sept mois, je la trouve ainsi.

Laurent faillit lui demander combien de fois, en sept mois, elle était entrée dans la chambre de sa nièce mais il se ravisa. Écartant quelques livres et chemises cartonnées sur le lit pour se faire une place, il songea que cette chambre ressemblait cruellement à un espace inhabité ou pire, à un espace abandonné.

Ses hôtes s'empressèrent de s'éclipser.

Une heure trente environ après que sa nièce lui eût dit au téléphone qu'elle arrivait en vitesse à la maison, celle-ci se pointa dans sa chambre, les yeux assez troubles, un jeans délavé sale aux fesses et une chemise d'homme en dessus. Elle portait des baskets neufs, sans chaussettes. Son visage

34

était maquillé et ses cheveux soignés. On aurait dit qu'elle sortait d'un institut de beauté.

Mais ses yeux troubles et sa démarche mal assurée – qu'elle semblait faire beaucoup d'effort pour maintenir normal – alarmèrent son oncle.

- Qu'est-ce qui ne va pas, Babylonine ? attaqua-t-il.

Il ne lui avait même pas laissé la latitude de le saluer ou de lui souhaiter la bienvenue. Le sourire qu'elle affichait disparut instantanément.

- Rien. Tout va bien, tonton, mentit-elle.

Il resta silencieux un instant.

- Quand est-ce que tu es venue ici pour la dernière fois ?
- Il y a deux jours.
- Et tu as laissé ta chambre dans cet état ?

Elle ne répondit rien. Il se souvint soudain que la dernière visite de son frère et de sa belle-sœur à leur fille remontait exactement à huit mois. Avec le scandale et le désordre qui s'en était suivi, personne ne s'était plus sérieusement occupé de sa vie ici, en dehors de l'acte de lui envoyer son argent mensuel.

Seigneur, songea-t-il.

Il posa les yeux sur elle et la détailla attentivement. Elle fuit son regard.

- Tu bois, Babylonine ?
- Non !
- Alors, pourquoi cette curieuse façon de marcher ?

Silence.

- Tu ne te sens pas bien ?
- Oui, répondit-elle au bout d'un moment.

Sous le coup d'une soudaine inspiration, il dit :

- Je t'emmène à l'hôpital.

Elle voulut protester, mais il l'arrêta.

Il demanda au médecin de lui prescrire tous les tests et examens nécessaires et possibles.

Le lendemain, après une nuit passée dans la chambre d'amie gracieusement offerte par un couple Berger assez empressé, il reçut un choc en découvrant les résultats des tests et examens.

Babylonine présentait dans son sang ou dans ses urines des quantités non négligeables de dérivés de drogues. Le médecin lui expliqua qu'elle en avait probablement pris la veille dans la journée et qu'une partie avait été éliminée par son organisme tout le temps qui avait précédé le test. Il précisa qu'elle en avait probablement pris quelques heures avant qu'elle ne vînt le retrouver à la maison et qu'elle avait certainement pris un produit en facilitant l'élimination avant d'aller le rejoindre. Ils en avaient trouvé des traces au laboratoire.

Très en colère et se maîtrisant assez mal, Laurent alla rejoindre sa nièce et le couple Berger à leur domicile. Il leur demanda depuis combien de temps ils avaient remarqué que sa nièce prenait de la drogue. Assez mal à l'aise, ils lui répondirent qu'ils ne savaient pas qu'elle en prenait.

- Nous la voyons si rarement. D'ailleurs, elle ne semblait jamais être à la maison, ajouta madame Berger.

Ses paroles sonnaient plus comme une tentative d'auto-défense et d'autojustification que comme des explications. Laurent se sentit tellement révolté qu'il décida de ramener sa nièce avec elle le surlendemain au Cameroun, une fois qu'il aura fini de traiter ses propres affaires.

Une semaine plus tard, à l'issue d'un conseil de famille, il fut décidé qu'elle retournerait l'année suivante à Paris, mais avec un de ses cousins et une de ses cousines, Georges et Irène. C'étaient des enfants de l'une de ses tantes maternelles qui avaient obtenus leur baccalauréat à la session de juin 2005. En attendant, tandis que ses cousins étaient inscrits à l'université de Yaoundé II question de prendre contact avec la vie universitaire, Babylonine était quant à elle était inscrite aux consultations d'un psychanalyste de Yaoundé par Laurent. Une décision dont toute la sagesse n'apparut jamais à Laurent.

Le mardi de la dernière semaine de février, il l'accompagnait à sa première consultation. Il le fera tout au long du mois suivant. Ensuite, pour le reste des consultations, elle s'y rendit seule, une façon de lui montrer qu'il commençait à lui refaire confiance. Ceci avait son importance puisque Laurent, après cette visite à Paris, se révéla de plus en plus comme un second père pour Babylonine, à bon escient, car son véritable père ainsi que sa mère étaient en prison durant cette période délicate de sa vie. Par la suite, il devint son confident le plus cher, parlant parfois durant des heures avec elle au téléphone.

Lorsqu'elle pénétra ce jour-là dans le cabinet de son psychanalyste, celui-ci la dévisagea longuement, assis dans un fauteuil. Puis, la faisant asseoir en face d'elle sur un canapé, il lui demanda :

- Que ressentez-vous ?
- De la colère, répondit-elle après un court silence. Beaucoup de colère.
- Contre qui ?
- Tout le monde.
- Et contre qui en particulier ?
- Mes parents.
- Pourquoi ?
- Ils ne m'ont jamais aimé. Ils ne nous ont jamais aimés, mes frères et moi.
- En es-tu sure ?

Elle se tut. Mais peu après, ils s'engagèrent dans un long entretien. Celui-ci fut le plus long des douze qui avaient été prévus à raison de deux par semaine.

En mi-avril eut lieu son dernier entretien. Elle y vint habillée d'un tailleur bleu marine sur un chemisier au profond décolleté, d'une jupe très courte et d'escarpins assortis. A la fin de l'entretien, elle avoua à son psychanalyste être tombée amoureuse de lui. S'en ambages,

37

elle lui demanda ensuite de sortir avec elle. Ce fut juste quelques minutes après qu'il lui eût dit qu'elle allait désormais bien, que cette bonne santé intérieure et physique s'épanouissait très nettement aux yeux de tous.

Il lui dit, à la suite de cet aveu, qu'il ne pouvait pas sortir avec elle, même s'il en avait eu envie, ceci, pour trois raisons : elle était mineure, il était son psychanalyste, il était marié et aimait son épouse.

Après ces explications, elle resta silencieuse un long moment puis se leva et prit respectueusement congé. Arrivée à la maison, elle s'enferma dans sa chambre et pleura longuement sur elle-même et sur son amour impossible. Lorsqu'elle s'énuméra à nouveau les raisons de l'impossibilité de cet amour – contre la loi, contre l'éthique professionnelle et très probablement destructeur –, elle se calma et essuya ses larmes.

Alors, une certitude naquit en elle qui la remplit de bonheur : elle avait guéri de ses maux. Définitivement.

Quelques mois plus tard, de retour en France avec ses deux cousins, Irène et Georges, elle s'inscrivit à l'université de Paris Diderot pour des études d'astrophysique.

Six ans plus tard, ayant obtenu son doctorat d'astrophysique, elle fut engagée dans une équipe de recherche française. Un mois et demi plus tard, elle partait en antarctique avec ladite équipe de chercheurs.

De retour trois mois plus tard, elle se maria avec l'un des chercheurs de l'équipe, René Deschamps. Un mariage en grande pompe auquel assista Christian et Darwin Junior – au plus grand bonheur de Babylonine – ainsi que quelques-uns de ses proches, cousins, cousines, tantes et oncles – dont Laurent – qui purent faire le voyage de Paris. Son bonheur fut décuplé par la présence de Michelle et Darwin qui bénéficièrent d'une libération conditionnelle deux semaines et demie avant la célébration du mariage.

Babylonine, toute sa vie durant, veilla toujours à rester parfaitement au courant de la vie de la famille, particulièrement, de celle de ses deux frères, Christian et Darwin Junior.

***

En septembre 2009, alors qu'il était rentré deux mois plus tôt du Sénégal – nanti du diplôme d'ingénieur de conception en télécommunication – après y avoir passé deux ans, Christian partait pour la Guinée Équatoriale. Engagé par une société de télécommunication sud-africaine, il y travailla pendant cinq ans avant d'être affecté à la direction de la même société pour le Cameroun. Il se maria six ans après cette affectation dans son pays avec une fille Eton[3].

IV-   La place d'un autre

Paulita était étudiante en première année à l'université catholique lorsque Darwin Junior et elle se rencontrèrent sur le petit terrain de football. Six ans plus tard, munie d'un doctorat de Sciences Économique, elle partit pour les États-Unis d'Amérique. À ce moment-là, ils étaient toujours ensemble. De nuages, il n'y avait pas l'ombre d'un seul dans le ciel de leur relation : leur attachement réciproque s'était raffermi au cours des années.

Pourtant, au moment où Paulita s'envola pour les États-Unis afin d'aller se spécialiser dans l'économie industrielle à l'université de Detroit dans l'État du Michigan, sans l'avoir jamais su, elle avait une rivale. Une réelle concurrente.

---

[3] Eton : ethnie de la région du centre.

39

Darwin Junior vit Alexandra Mbezele pour la première fois en avril 2007 alors qu'il prenait un petit déjeuner tardif dans un restaurant du campus universitaire où il avait pris ses habitudes lorsqu'il était étudiant en Biochimie. Son air tranquille et innocent ajoutés à une joliesse évidente le charmèrent instantanément. Lorsqu'il lui proposa de sortir avec lui quelques semaines plus tard, elle ne refusa pas.

Ils se fréquentèrent assidument jusqu'en mai 2008, deux mois et demi après le départ de Paulita pour les États-Unis, puis ils se brouillèrent. Ce fut après que Darwin Junior lui eût révélé qu'il y avait une autre fille dans sa vie, une fille dont il était amoureux et qui le lui rendait totalement, une fille qui n'était pas dans le pays mais avec qui il était en contact quasi-quotidiennement.

Hors d'elle et se sentant méprisée bien que Darwin Junior lui assurât que ce n'était pas son intention en lui voilant cette vérité durant tous ces mois où ils étaient ensemble, Alexandra décida unilatéralement de la rupture de leur liaison. Pendant une semaine pourtant, Darwin Junior fit le pied de grue devant la chambre où elle habitait dans une mini-cité au quartier Mvog-Mbi. Il désirait fortement rentrer dans ses bonnes grâces. Elle refusa de le recevoir, refusa de prendre tous les appels affichant le numéro de Darwin Junior et raccrochant tout de suite lorsqu'elle entendait sa voix s'il l'appelait d'un call-box.

Lassé au bout d'une semaine et étant définitivement et terriblement remonté contre elle, Darwin Junior décida d'arrêter avec ces démarches de reconquête qui n'aboutissaient à rien. Ce faisant, il jura ses grands dieux qu'il ne renouerait pas avec elle si elle décidait de revenir sur sa décision. Même si elle le suppliait à genoux.

Mais, elle n'eut pas besoin de le supplier un mois plus tard lorsqu'elle vint renouer avec lui. Il la reprit sans aucune restriction. Ce jour-là, elle lui dit :

- Darwin, je sais que je te mettrai des bâtons dans les roues le jour où tu décideras de rompre notre relation.

- Pourquoi ? fit-il amusé.
- Parce que je t'aime trop.

Darwin Junior ne lui dit pourtant pas ce jour-là qu'il fréquentait une nouvelle fille rencontrée durant leur mois de rupture.

Nsimi Orlande Gwladys lui fut présenté par l'une de ses amies dont Gwladys était une des maies intimes. À cette amie, Darwin Junior jura qu'il ne fera pas souffrir son amie intime.

Gwladys était en deuxième année de la faculté de médecine, ce qui facilitait tout.

Au bout d'un mois et demi de relation, il lui révéla qu'il était avec deux autres filles. De son point de vue, la décision qu'il avait prise de lui faire cette révélation allait dans le sens de la promesse qu'il avait faite à leur amie commune. Et à la suite cette révélation, Gwladys ne lui demanda qu'une chose : qu'il lui accordât toujours le respect qu'elle méritait en ne la mettant jamais dans une situation embarrassante avec *les autres*. Ce faisant, elle lui donnant des exemples de situations embarrassantes et irrespectueuses à son égard : passer un coup de fil à l'une *des autres* devant elle, prendre *leurs* appels devant elle ou alors inviter l'une *des autres* chez lui alors qu'il sait qu'elle y sera au même moment. Il ne lui manqua jamais de respect.

Désirant se spécialiser en cardiologie et en chirurgie cardiaque, Darwin Junior partit pour les États-Unis. Il resta néanmoins en contact avec Orlande et Alexandra qu'il revit à l'occasion de ses passages au Cameroun, particulièrement Alexandra. Elle lui fit toujours des reproches, à chacun de ses passages au pays, à propos de rareté de ses appels et courriels lorsqu'il est là-bas.

À son arrivée à l'aéroport de New York, il fut accueilli par une Paulita éclatante de beauté qui avait fait le déplacement de New York depuis Detroit tout spécialement pour le voir, et elle le lui dit. Elle lui dit également son amour pour lui, leur amour qu'ils avaient bien entretenu durant toutes ces années. Un amour qu'ils ne manquèrent jamais de se dire lors des vacances qu'elle venait passées aux Cameroun durant toutes ces années où Paulita était seule aux États-Unis.

Elle resta trois jours avec lui à New York où il allait faire sa spécialisation avent de rentrer à Detroit. Durant l'an qui suivit, ils firent à eux deux un total de six navettes entre New York et Detroit.

À l'occasion de la libération conditionnelle de ses parents, Darwin Junior fit un bref voyage au Cameroun. Lors de ce déplacement, il eut un très long entretien avec ses parents ; ils en sortirent tous les trois très remués. Il y fut question de repentis, de pardon et de redécouvertes mutuelles.

Pour se racheter aux yeux de leurs enfants, durant les mois qui suivirent leur libération, Darwin et Michelle travaillèrent avec acharnement et en collaboration avec le ministère de la Santé Public et celui de l'Enseignement Supérieur à mettre un peu plus de transparence dans le processus de sélection des candidats à l'entrée dans les Facultés de Médecine de l'État. Ils finirent par obtenir que les points de tous les candidats participant aux différentes épreuves des concours d'entrée en facultés de médecine fussent affichés au fur et à mesure du déroulement desdites épreuves.

Par la suite, ils travaillèrent activement à faire construire une université d'État uniquement dédiée aux études médicales. En assistant à l'inauguration de celle-ci en compagnie de leurs enfants quelques années plus tard, ils affichaient les visages épanouis de personnes qui venaient de se réconcilier avec leur passé.

Sa spécialisation terminée, Paulita alla rejoindre Darwin Junior à New York. Sur place, elle trouva rapidement du travail dans une holding basée à New York, jouissant d'une bonne réputation et possédant une dizaine de représentations dans d'autres États des USA. Elle y travailla pendant quatre ans jusqu'à la fin de la spécialisation de Darwin Junior.

Un mois plus tard, ils rentraient au Cameroun où elle fut nommée directrice adjointe de la représentation nationale du Groupe Lafarge. En réalité, cette nomination fut décidée deux semaines plus tôt à la maison mère du groupe en France alors qu'elle était encore à New York avec Darwin Junior. Il avait néanmoins fallu près de six mois de tractations et de déplacements au siège de la multinationale pour que Paulita l'obtînt.

Quelques semaines après leur retour au Cameroun, Darwin Junior était recruté comme médecin cardiologue à l'hôpital général de Yaoundé.

En fin août de la même année, la clinique dont la construction avait été lancée deux ans plus tôt au quartier Fouda, non loin de la maison où ils s'installèrent en location, fut inaugurée.

Deux mois plus tard, ils se marièrent.

La cérémonie religieuse qui se tenait à la cathédrale de Nvolyé à Yaoundé tirait déjà vers sa fin lorsqu'une jeune femme se leva dans l'assistance et se dirigea vers l'autel, à la surprise générale.

C'était Alexandra.

Arrivée à la hauteur du couple et du prêtre célébrant le mariage, elle se mit à accuser Darwin Junior de l'avoir trompée pendant tout le temps qu'ils avaient été ensemble, de l'avoir nourrie d'espoir pendant tout ce temps. À la fin de sa diatribe, elle éclata en sanglot et sortit précipitamment de l'église.

Darwin Junior assura Paulita par la suite qu'il n'avait plus ni fréquenté, ni maintenu quelque rapport que ce soit avec Alexandra depuis le jour – il y avait trois ans – où ils eurent une dispute à New York après qu'il eût reçu un coup de fil d'elle. Ce jour-là, Paulita l'avait espionné tandis qu'il bavardait au téléphone et l'avait entendu plaisanter tendrement avec Alexandra. Après la dispute, Darwin Junior l'avait assuré qu'il romprait avec elle… Et Paulita le crut une fois de plus dans l'intimité de la chambre des mariés lorsqu'il l'assura pour la deuxième fois dans la même journée, avant qu'ils ne s'étreignissent avec passion, qu'il avait tenu parole.

Le lendemain, le corps d'Alexandra fut retrouvé dans la maison qu'elle louait au quartier Biyem-Assi.

Elle avait ouvert une boutique de prêt-à-porter non loin de là dix-sept mois plus tôt avec de l'argent que lui avait envoyé Darwin Junior. Il refusa d'aller voir son corps à la morgue ; de même, il refusa d'aller à son enterrement malgré les encouragements de Paulita.

Il refusa de le faire parce qu'il avait mal, trop mal. Elle s'était suicidée à cause de lui… Elle avait raison à l'église, il le reconnaissait : il l'avait nourrie d'espoirs pendant toutes ces années jusqu'à ce jour, il y avait deux mois, où il lui avait annoncé qu'il allait se marier avec Paulita. Elle avait fait semblant de comprendre ce jour-là lorsqu'il lui avait expliqué son choix. Darwin Junior savait maintenant qu'elle avait juste fait semblant de comprendre. Ce suicide était tellement parlant.

Et non, il n'avait pas rompu avec elle après cette dispute à New York. Certes, il avait rompu avec quelqu'un – Orlande Gwladys Nsimi – le lendemain de cette dispute, mais ce ne fut pas avec Alexandra.

Ces vérités-là, il ne les dit jamais à Paulita. Ainsi, Gwladys et Alexandra furent l'objet des seuls mensonges et cachotteries qu'il osa faire à Paulita de toute leur vie commune et conjugale.

Des mensonges et cachotteries lourds et destructeurs qui le poursuivirent jusqu'à la fin de sa vie.

L'enfer ou un certain paradis

Chief[4] Souté à Nouka était un homme mince à la taille moyenne et au teint clair. Prenant toujours grand soin de son apparence, il arborait en permanence au moins un centimètre de cheveux sur le crâne – des cheveux agrémentés de quelques fils d'argent –, avait toujours une barbe rasée de près et s'habillait toujours proprement et bien. L'on pouvait du reste se risquer à avancer qu'il était ainsi, jusque chez lui… ce qui n'était guère faux puisque Chief Souté à Nouka, une fois sorti de son lit se hâtait de prendre une douche puis de s'habiller proprement et bien.

Chief Souté à Nouka avait quarante-neuf ans. Il était un homme politique et était le dirigeant d'une organisation non gouvernementale (ONG) d'obédience américaine dont les activités s'articulaient principalement autour de la bonne gouvernance dans tous ses aspects. Et en cette année électorale de 2004, il était plus que jamais un homme politique, le plus actif et le plus connu de la scène politique. Cette notoriété était due à deux faits principaux qui en impliquaient un autre non moins capital. Les faits principaux étaient sa position de leader du courant des Modernistes du RDPK (Rassemblement Démocratique des Populations du Kameroun) et le Livre Blanc qu'il avait justement écrit pour promouvoir les idéaux dudit courant. Il affirmait que ce courant comptait parmi ses membres les plus éminents, une cinquantaine de députés du RDPK siégeant – naturellement – à l'Assemblée Nationale ainsi que quelques membres du gouvernement parmi les plus influents. Cependant, très peu parmi ces députés et ces membres du gouvernement avaient clairement pris position en faveur du courant des Modernistes du RDPK qu'ils assuraient épouser les idéaux. Cette discrétion avait des raisons d'être très simples : entretenir le flou sur l'ampleur du courant – que Chief Souté à Nouka disait être très important – au regard du nombre de ses membres, qu'ils

---

[4] Chief : Chef, Souverain, Sa Majesté.

fussent clairement déclarés ou non. Autre raison : le plus longtemps on reste sans prendre clairement position en faveur du courant des Modernistes du RDPK, le plus longtemps on garde sa position privilégiée au sein du RDPK.

L'implication de ces deux faits principaux était la candidature de Chief Souté à Nouka aux présidentielles devant se tenir en octobre 2004.

Cependant, ce fait capital n'en était tout à fait pas encore un, du moins clairement, en mars 2004 lorsque Lissom Calvin, un étudiant en troisième année de Sciences Politique à l'université de Youndé II – Soua – le rencontra pour la première fois.

Chief Souté à Nouka était un homme intelligent et fourbe, mais sa fourberie ne semblait pas volontaire ce qui faisait de lui un homme politique redoutable.

Cependant, au cours de la réunion où Lissom Calvin le rencontra pour la première fois, il ne vit pas sa fourberie. C'était une réunion à laquelle il avait convié tous les étudiants désirant y prendre part et, notamment, tous les leaders d'étudiants. Lissom Calvin faisait alors parti d'une association d'étudiant très active : l'association pour la défense des droits des étudiants du Kameroun (ADDEK). Une association dont il était l'un des fondateurs. Il était par ailleurs l'un des responsables de l'ADDEK pour l'université de Youndé II. À ce titre, il était de ceux dont la présence à ce meeting était vivement souhaitée.

Ce que Lissom Calvin vit de Chief Souté à Nouka au cours de cette rencontre, ce fut son intelligence, les idéaux qu'il promouvait et défendait avec une passion contenue qui laissait plusieurs personnes de son entourage politique littéralement subjuguées, et ses talents d'orateur. Les mots qu'il faut, au bon moment, adressés aux personnes indiquées, tout en sachant que lesdits mots se doivent d'être empreints d'une force de persuasion telle que, lorsqu'ils parviendront aux oreilles des parties et partis adverses, qu'ils les fassent trembler. À l'issue de la rencontre, plusieurs participants se sentirent, sinon convaincus, du moins très intéressés par les idéaux que promouvait Chief Souté à Nouka.

Du nombre de ceux qui furent très intéressés par ces idéaux, ceci jusqu'à la limite de la conviction, il y avait Lissom Calvin ainsi qu'une demi-douzaine d'autres étudiants qui étaient, pour la plupart, des amis de Lissom Calvin. Ceux-ci étaient par ailleurs des collaborateurs avec lesquels il travaillait dans le cadre de la promotion de l'ADDEK auprès des étudiants de l'université de Youndé II. L'ADDEK était encore une association jeune et mal connue des étudiants et de l'opinion générale.

Tandis que les autres participants – une vingtaine – s'apprêtaient à rentrer chacun chez soi, l'argent de taxi alloué par les soins de Chief Souté à Nouka en main, Lissom Calvin et la demi-douzaine d'étudiants décidaient de prolonger un peu plus longtemps la rencontre. Étant donné que celle-ci avait lieu au sein des locaux de l'ONG que dirigeait Chief Souté à Nouka, les problèmes d'horaire d'occupation de salle ne se posaient pas. Ainsi, enchanté de cet intérêt, Chief Souté à Nouka s'étendit un peu plus longuement et largement sur ses idéaux, comme tout bon politicien. Et comme tout bon politicien, il essaya de les enrôler dans son équipe de campagne électorale, ayant senti en eux la passion, ce type de passion dont il avait besoin pour atteindre ses objectifs électoraux. Des objectifs électoraux qui pouvaient simplement se résumer en sept mots : devenir chef de l'Etat du Kameroun. Sa tentative fut couronnée de succès : tous acceptèrent de travailler avec lui. Et avant de se séparer, il fut convenu de se rencontrer quelques jours plus tard pour l'assignation des responsabilités au sein de l'équipe de campagne électorale.

Lissom Calvin fut désigné porte-parole du courant des Modernistes du RDPK. Plus tard, il devint le porte-parole du parti des Modernistes du RDPK.

Le personnage de Chief Souté à Nouka intriguait beaucoup Lissom Calvin. Aussi, voulut-il en savoir plus sur lui. Le meilleur moyen de parvenir à ses fins était de se rapprocher de Chief Souté à Nouka. De fait, ils commencèrent à avoir de petites conversations privées. Au cours de celles-ci, de petits pans de la vie de Chief Souté à Nouka furent révélés à Lissom Calvin.

Ainsi, il apprit que Chief Souté à Nouka avait été, en 1987, à vingt-neuf ans, le plus jeune député siégeant à l'Assemblée Nationale. Un député du RDPK ardent défenseur des idéaux du parti, des idéaux qui étaient alors impulsés par le président national du parti, chef de l'Etat à l'époque et chef de l'Etat courant. Ce fut avec une amère nostalgie que Chief Souté à Nouka lui parla de la grandeur des idéaux du parti dont le chef de l'Etat ne se cachait pas d'être un ardent promoteur… Comme il aimait alors le chef de l'Etat, au point d'être prêt à le défendre dans toutes ses opinions, dans toutes ses actions, dans toutes ses initiatives. À cette époque, le renseigna-t-il, il aida même le chef de l'Etat dans l'ouverture d'un compte bancaire à l'étranger.

- C'est pour te dire la confiance dont je jouissais auprès de lui à l'époque.

Il le dit avec une certaine fierté, une fierté qu'il ne réussissait pas à refouler au moment où Lissom et lui conversait.

- Aujourd'hui, quand bien même il me le demanderait, je ne pourrais avoir le courage d'aller vers lui. Il m'a énormément déçu, ajouta-t-il d'un ton douloureux. Calvin, tu voies ce qu'il a fait du pays depuis l'époque ?

« Un système éducatif à genoux, une fonction publique bancale, des salaires minables, un secteur sanitaire quasi-inexistant, une population paupérisée… qu'est-ce que je ne citerais pas ? Tout est pourri. Je ne parle même pas de la chape de corruption qu'il y a par-dessus tout cela… La mal gouvernance aussi. Mais, que ne citerais-je ? Tu connais d'ailleurs les statistiques concernant tout cela, elles sont dans le Livre Blanc.

« Il faut qu'il parte, dit-il après un court instant de silence. Nous allons le faire partir, Calvin. Fais-moi confiance. »

Il sourit alors comme il avait l'habitude de le faire lorsqu'il posait des paroles sentencieuses.

Et c'était avec une immense fierté et une grande ferveur que Lissom Calvin reprenait, sur tous les médias où il représentait les Modernistes du RDPK, ces idéaux qu'il avait fini par épouser, corps et âme. Après avoir paupérisé et mis à genou les kamerounais, il fallait que Binya parte, concluait-t-il assez souvent, au grand plaisir des panélistes favorables à cette opinion, d'une part, et au grand agacement, désarroi, emportement, énervement des panélistes défavorables à cette éventualité. Lorsqu'on est à la mangeoire, on ne pense qu'à une chose, y rester, appuyait souvent quelques panelistes favorables lorsque l'un des vis-à-vis montrait quelques signes de velléités offensives.

Chief Souté à Nouka l'emmena chez lui, un soir. Ce fut vers la fin du mois d'avril. Ils s'étaient une fois de plus attardés au siège de l'ONG qui était aussi le siège non déclaré du parti des Modernistes du RDPK. Mais, il avait néanmoins tenu à l'emmener chez lui afin de le présenter à sa famille et lui montrer certaines choses.

Chief Souté à Nouka était le père de trois enfants en bas âge, le plus âgé ayant à peine douze ans. Son épouse avait l'air jeune, ce qu'elle était par principe à trente-quatre ans.

Après les présentations d'usage, il l'emmena dans son bureau où il lui montra des impacts de balles sur les murs.

- Je n'ai aucune envie de les camoufler. Il faut que tous ceux qui entreront dans cette pièce voient à quel point le régime en place en veut à ma peau. Une maison dans une enceinte, tu te rends compte Calvin ? J'en ai réchappé de justesse ce jour-là.

« C'était il y a quelques mois, le 27 octobre 2003 très exactement. C'est très difficile d'oublier ce genre de date, Calvin, comme tu peux l'imaginer aisément. Je travaillais alors sur le Livre Blanc, ce qui m'amenait à rester dans mon bureau jusqu'à des heures indues. Ayant entendu des bruits suspects dans le jardin, j'avais éteint la lumière dans le bureau et m'étais planqué derrière mon pupitre.

« Ces jours-là, je recevais fréquemment des menaces, soit par courrier postal, soit par coups de fil interposés, ce qui m'avait mis, bien évidemment, dans un état de nervosité et de méfiance très profond. Dans cette période, j'ai d'ailleurs envoyé mon épouse et mes enfants dans mon Mbama natal, à force de me sentir dans l'insécurité. Tu sais, il existe plusieurs manières d'atteindre un homme politique… Ma famille est là ces jours juste pour quelques temps, après ils vont à nouveau retourner dans le Mbama, à Mbafia où nous avons une résidence. Etant un chef traditionnel de haut rang, ma famille y est évidemment en parfaite sécurité. Une sécurité que l'on m'a toujours refusée ici, malgré mes plaintes d'être menacé. Ce qui n'est guère surprenant comme tu peux l'imaginer, ajouta-t-il en souriant. »

- En effet, Chief, confirma Lissom Calvin. Vous les combattez. Donc, si vous n'étiez plus, ce ne serait qu'un bon débarras pour eux.
- Tu l'as dit, Calvin. Enfin, revenons-en à l'attentat.

« Je m'étais donc planqué derrière mon pupitre après avoir éteint la lumière dans le bureau. Et il ne s'écoula pas une minute que des coups de feu retentirent. J'avais évidemment tiré les rideaux sur les fenêtres après avoir rabattu les Naco[5] un peu plus tôt dans la soirée. Piètres obstacles face à des balles. Certains Naco furent brisés et les balles se fichèrent

---

[5] Naco : appellation familière des persiennes en verre qui a été directement empruntée à une marque desdites persiennes.

dans le mur derrière mon pupitre, tel que tu le vois maintenant.

« De même que je n'ai pas camouflé les impacts de balles, je n'ai non plus remplacé les vitres cassées. Il n'y a qu'une chose que j'ai consenti de faire, question de maintenir une certaine ambiance que je me dois de préserver en tant que homme politique : j'ai remplacé les rideaux déchiquetés par les balles.

« Et pourtant, même malgré cet attentat, je n'ai pas reçu quelque dispositif de sécurité que ce soit. Du moins, je n'ai été informé de la mise en place d'aucun dispositif sécuritaire, conclut-il après un court instant de silence. »

Lissom Calvin dina chez lui ce soir-là. Et Chief Souté à Nouka se fit le devoir de le raccompagner dans sa Jaguar au lieu-dit École des Postes où Lissom Calvin logeait dans une mini-cité.

***

Lissom Calvin intervenait de plus en plus sur les chaines de radio. Et plus il intervenait, plus il était sollicité par les animateurs d'émissions politiques. Ces dernières ne manquaient pas, toutes les chaines de radio s'étant mis dans l'air du temps. La politique. Déjà, en temps normal, il y avait un nombre non négligeable d'émissions politiques, ce qui confirmait du reste une assertion très courante : « Les camerounais aiment et font énormément de la politique… » Ce qui n'empêchait pas quelques personnes *bien pensantes* de clamer : « La politique aux politiciens. »

Un soir, en sortant des locaux d'une chaine de radio où il venait d'intervenir, Lissom Calvin fut abordé par un jeune homme. Il était adossé à son véhicule peu de temps avant qu'il ne l'abordât.

- Bonsoir monsieur, fit-il.
- Bonsoir monsieur, répondit Lissom Calvin.

- Je me nomme Gérard Eva'a. Je travaille au Cabinet
  Civil.

Sans aucune autre précision.

- Oui…
- Que voulez-vous exactement ?
- Ce que je veux ? Je veux qu'il parte. Qu'il quitte le
  pouvoir. Qu'il ne démissionne pas : qu'il quitte le
  pouvoir. Qu'il ne se représente plus, ou alors, qu'il
  laisse parler les urnes.

Silence.

- Je vois, fit le jeune homme. Vous savez, monsieur
  Lissom, vous pouvez obtenir beaucoup de choses.
  Beaucoup de choses, ce que vous désirez : que
  désirez-vous ? Des études à l'étranger ? De l'argent ?
  Ils sont prêts à tout vous donner, vous n'avez qu'à
  présenter vos demandes. Le système, je vous le
  concède, est bien pourri, ne fonctionne pas
  correctement… Mais, vous savez, il est bien difficile
  à ébranler. Le réseau d'intérêt est bien trop puissant.
  Il a tous les moyens pour lui, le système. Alors,
  vraiment, que désirez-vous ?
- Qu'il parte, c'est la seule chose que je désire, que
  nous désirons.

Le jeune homme le dévisagea longuement.

- De quelle ethnie êtes-vous ?
- Je suis Bassa'a.
- Ah ! Je vois. Je comprends tout, maintenant. O.K. Je
  vais donc vous laisser.

Le jeune homme monta dans son véhicule et démarra.

- Je vous souhaite beaucoup de courage et de chance,
  fit-il avant de s'éloigner.

Lissom Calvin lui sourit mais ne lui répondit pas. Quelques
minutes plus tard, dans le taxi qui l'emmenait au quartier
général de campagne, il se souvint que le jeune homme
avait parlé du « Système » et pas de Binya. Après tout, se

dit-il, il a raison : le système et son créateur ne forment-ils pas la même entité ?

Quelques jours plus tard, alors que Chief Souté à Nouka et Lissom Calvin honorait une invitation – ils ne refusaient jamais d'honorer ce type d'invitation excepté en cas d'empêchement avéré – sur un plateau d'une émission politique radiodiffusée, le présentateur lui demanda qui il y avait derrière lui.
Cette question trouvait ses fondements dans une rumeur jamais réfutée par Chief Souté à Nouka – du reste jamais officiellement confirmée par lui – mais habilement distillée par lui dans certains milieux qui se chargeaient par la suite de la véhiculer. Une rumeur selon laquelle il bénéficierait de puissants soutiens à l'étranger. Lissom Calvin et ses collaborateurs savaient, quant à eux, de la bouche de Chief Souté à Nouka que celui-ci avaient quelques connexions avec le gouvernement américain. Il leur avait dit les avoir nouées pendant son séjour sur le territoire des Etats-Unis d'Amérique des années plus tôt lorsqu'il travaillait encore pour le gouvernement kamerounais. Après son éloignement du giron présidentiel, il avait repris ses relations et connexions à son propre compte et les avait assidûment entretenues. Certes, au cours du temps, il avait perdu quelques unes de ces relations du fait, notamment, des modifications survenues sur l'échiquier politique américain. Certains de ses contacts avaient par exemple perdu de leur influence politique ; dans ce cas, la relation n'était alors perdue que du point de vue politique, ce qui n'empêchait pas qu'il subsistât des liens, peut-être lâches, mais néanmoins existant.
Cependant, il ne leur dit vraiment jamais ni l'ampleur, ni la valeur de ses contacts vis-à-vis du gouvernement américain. Et ils n'eurent jamais la présence d'esprit de le lui demander : le simple fait qu'il eût des contacts – quel qu'ils fussent – avec le gouvernement américain leur suffisait…

Et puis, il y avait l'ONG américaine dont il dirigeait la représentation locale…

Et ce jour-là, sur le plateau de l'émission politique, Chief Souté à Nouka continua tranquillement et habilement à entretenir publiquement l'incertitude sur le sujet, le sourire aux lèvres. La question ayant été posée, il tourna brièvement la tête derrière lui avant de répondre, regardant le présentateur droit dans les yeux :

-   Derrière moi ? Monsieur Bosco Tchoubefack, il n'y a que le dossier de mon fauteuil et le mur du studio !

***

Tout avait commencé par une rumeur, comme c'est souvent le cas au Kameroun. Une rumeur selon laquelle une grève des étudiants des universités d'Etat aurait lieu.

Mais avant la rumeur, il y eut les revendications des étudiants : un meilleur cadre d'étude, entendu comme plus de toilettes publiques à l'intérieur et autour des campus universitaires, plus de laboratoires mieux équipés, plus de bornes fontaines et d'eau courante à l'intérieur des campus, l'annulation de la pension académique, plus d'amphithéâtres bien conçus – et pour ceux qui existaient déjà qu'ils fussent mieux éclairés, mieux équipés de microphones… Pour ce qui était de l'annulation de la pension académique – cinquante mille francs CFA –, il était plus question de provocation – une tentative désespérée – que d'autre chose puisque la plupart des étudiants était convaincu que jamais, l'administration n'accèderait à cette demande.

Concomitamment à la rumeur, il y eut le délai émis par l'association de défense des droits des étudiants du Kameroun (ADDEK), un délai après lequel, si aucune revendication ne trouvait de solution, la grève prendrait effet. Et sans surprise, les revendications furent royalement ignorées par les instances dirigeantes des universités, en

55

l'occurrence le ministère de l'enseignement supérieur et les recteurs d'université.

Alors, la rumeur devint réalité : la grève des étudiants des universités d'Etat prit son envol.

L'ADDEK de l'université de Youndé I demanda aux étudiants de boycotter tous les cours. Cette demande valait aussi pour les enseignants. Par ailleurs, elle demanda aux étudiants désireux de prendre part aux manifestations organisées au sein du campus universitaire de s'habiller en noir, de pied en cape.

Le mot d'ordre fut respecté.

Et le jour du début de la grève, des centaines d'étudiants vêtus de noirs envahirent le campus de l'université de Youndé I, délogeant les étudiants et les enseignants des amphithéâtres sans aucune violence.

Cette situation dura plusieurs jours.

Lissom Calvin et ses collaborateurs, en tant que leaders d'étudiants et membres du bureau de l'ADDEK pour l'université de Youndé II – Soua – prirent allègrement leurs responsabilités, au grand plaisir de Chief Souté à Nouka que ces manifestations estudiantines servaient. Ce dernier savait que le gouvernement du se trouvait bien embarrassé par ces manifestations qu'il ne pouvait réprimer selon les méthodes habituelles : la violence. Du moins, le croyait-il fermement considérant que la période électorale rendait le gouvernement forcément tolérant et doux à l'égard de tous les potentiels électeurs…

Lissom Calvin et ses collaborateurs travaillèrent selon deux axes : sur le terrain et sur les médias. Dans l'optique du premier axe, ils effectuèrent plusieurs descentes à Soua, donnant lieu à de véritables mouvements de foule : depuis le temps qu'ils travaillaient avec Chief Souté à Nouka, ils avaient acquis une notoriété considérable dans les milieux estudiantins, en général, et celui de Soua, en particulier. Ils haranguaient ainsi les étudiants durant plusieurs heures, ce qui contribua à donner à la grève de Soua une ampleur presqu'égale à celle de Youndé I.

Désormais, toutes les universités d'Etat étaient paralysées par la grève soit six universités pour plus de quatre-vingt-dix mille étudiants.

Pour ce qui était des interventions sur les médias, ils firent si bien leur travail que la grève des étudiants au Kameroun se répandit rapidement sur les médias internationaux, faisant pendant plusieurs jours la une de plusieurs d'entre eux.

Le gouvernement, définitivement agacé, décida d'appliquer les méthodes habituelles : il y eut descente de la police anti-émeute sur les campus. Sur certains d'entre eux comme celui de Boya, les policiers portaient des armes létales, en l'occurrence des armes chargées à balles réelles. Et sur le campus de Boya, ils les utilisèrent sans hésitation : officiellement, il y eut cinq étudiants morts.

À l'université de Youndé I, en quelques jours, il n'y eut plus aucune marche d'étudiants sur le campus.

Lissom Calvin et ses collaborateurs se confrontèrent rapidement à une situation d'insécurité. Ils remarquèrent bientôt qu'ils étaient l'objet de filatures. Très inquiets, ils s'en référèrent à Chief Souté à Nouka qui les aida à obtenir la protection de l'ambassade des Etats-Unis d'Amérique.

Devant cette situation de répression violente, l'ADDEK de l'université de Youndé I – l'ADDEK mère – adopta une nouvelle ligne de conduite : la grève de la faim appuyée par une opération dite « Campus Mort ». L'opération *Campus Mort* consistait en la boude du campus de l'université de Youndé I par les étudiants à l'exception du site baptisé « Jérusalem », localisé à l'esplanade du rectorat et des amphithéâtres 700 et 350. À cet endroit, des centaines d'étudiants s'asseyaient chaque jour, non loin des leaders de l'ADDEK en grève de la faim, et chantaient sans interruption l'hymne de la grève des étudiants kamerounais opprimés :

La police anti-émeute sonna plusieurs charges. Au début, plusieurs étudiants s'enfuyaient et subissaient des coups violents donnés par les policiers. Il y eut beaucoup de blessés. Par la suite, encadrés par les leaders d'étudiants, il n'y eut plus de panique. Lorsque la police anti-émeute sonnait la charge, les grévistes restaient tranquillement assis à même l'asphalte de la place « Jérusalem », ce qui désorientait la charge. Finalement, la police anti-émeute arrêta de charger et se mit à observer les grévistes.

Deux semaines après le début de la grève de la faim, le ministre de l'enseignement supérieur effectua une descente sur le campus de l'université de Youndé I, sous une pluie battante. Il était habillé d'un survêtement de sport et refusa le parapluie que lui présenta son garde du corps. Ainsi, sous cette pluie battante, il alla sur la place « Jérusalem » où des centaines d'étudiants étaient assis. Le recteur de l'université de Youndé I, en veste, avait l'air d'une poule mouillée, ne pouvant pas se mettre sous un parapluie lorsque son supérieur hiérarchique n'y était pas.
Le ministre bavardant un certain temps avec les étudiants grévistes et alla voir les grévistes de la faim, l'air visiblement impressionné.
Lorsqu'il quitta le campus, il demanda à son secrétaire particulier de prendre incessamment contact avec tous les leaders d'étudiants afin de trouver une solution de sortie de crise.
Lissom Calvin, ses collaborateurs et tous les autres leaders de l'ADDEK présents à Youndé furent alors contactés. Séparément. La politique du diviser pour mieux régner. À certains groupes de leaders – comme celui de Lissom Calvin –, il fut demandé de trouver une solution de sortie de

crise. Notamment, on leur demanda de produire un document contenant leurs propositions allant dans ce sens. Cependant, ainsi qu'il fallait s'y attendre, tout commença à aller de travers, précisément, dans le groupe constitué des leaders principaux de l'ADDEK. Car, après la rencontre avec le ministre apparut des dissensions. La raison logique : l'argent. Car le ministre clôturait évidemment ses réunions par la distribution de liasses de grosses coupures de billets de banque. L'argent étant remis aux leaders de groupes, c'est ceux-ci qui se chargeaient de la répartition entre les membres de leur groupe respectif. Ainsi, il s'avéra que la distribution dans le groupe des leaders principaux de l'ADDEK fût inéquitable. Ceci provoqua des ressentiments qui à leur tour entraînèrent le scindement du groupe en deux.

Après les premières rencontres avec le ministre, l'ADDEK s'était scindée en trois : le groupe Lissom Calvin qui décida de ne plus faire partie de l'ADDEK à l'avenir – ce qui était une des clauses de leur « contrat » avec le ministre –, le groupe ADDEK 1 constitué du noyau dur de l'ADDEK mère – il avait accepté de produire un document de propositions de fin de crise sans abandonner le cadre de l'ADDEK – et enfin, le groupe ADDEK 2 constitué de marginaux de l'ADDEK mère – ils voulaient, en se constituant en ADDEK 2, négocier leur sortie de l'ADDEK dans le cadre d'une nouvelle rencontre avec le ministre, ceci, contre beaucoup d'espèces sonnantes et trébuchantes ainsi que quantité d'autres facilités.

L'ADDEK 1 s'indigna et s'insurgea. Des campagnes de dénigrements sur les médias de chaque ADDEK par l'autre virent rapidement le jour. Les étudiants en perdirent totalement le nord, mais, d'instinct, gardèrent leur confiance en l'ADDEK 1, constitué du noyau dur de l'ADDEK originel – donc, notamment, des grévistes de la faim qui avaient été emmenés au CHU entretemps et qui pilotaient les négociations avec le ministre de leurs lits d'hôpital.

Malgré toutes les campagnes médiatiques, ou plutôt, grâce à elle, l'ADDEK 2 rencontra le ministre pour la seconde fois et négocia sa dissolution, ou plutôt, son retournement. Contre des espèces sonnantes et trébuchantes ainsi que cela avait été prévu. Ses membres acceptèrent de devenir les espions du ministre de l'enseignement supérieur en attendant la fin de la crise où ils seraient envoyés à l'étranger aux frais de l'Etat pour continuer leurs études.

Les documents de sortie de crise furent remis au ministre, encore une fois, contre argent comptant. En attendant l'application des propositions émises, l'ADDEK 1, la seule qui continuait à soutenir la grève jusqu'à cet instant, la suspendit jusqu'en septembre. On était alors en fin mai et la grève avait duré un peu plus d'un mois.

Les activités académiques reprirent progressivement : travaux dirigés, travaux pratiques et compositions de fin de semestre.

Et l'ADDEK 1 devint l'ADDEK tout court au bout du compte, avec la même ligne de conduite.

***

Ce fut pendant la période de grève des étudiants que Zanga Inès et Lissom Calvin se rencontrèrent et se mirent ensemble. Plus exactement, ceci arriva le soir de la première rencontre avec le ministre de l'enseignement supérieur.

Lissom Calvin connaissait Inès Zanga de vue. Ils avaient même quelque fois échangé quelques paroles à l'occasion ; ils étaient tous les deux en troisième année de Sciences Politiques à l'université de Youndé II. Les étudiants de troisième année de droit public résidaient presque tous à Youndé, précisément dans les quartiers environnants l'université de Youndé I car ils y prenaient leurs cours dans les amphithéâtres et les salles appartenant à l'université de Youndé II – ou lui ayant été cédé par l'université de Youndé I. Inès Zanga habitait le quartier Mélenè, Lissom

Calvin le savait grâce à un ami qu'ils avaient en commun et qui lui avait passé le numéro du téléphone portable d'Inès.

Et ce soir-là, Lissom Calvin osa enfin prendre les devants en appelant Inès. Elle fut à peine surprise. Les femmes sentent presque toujours venir les hommes. Elle accepta de venir au rendez-vous qu'il lui donna à l'un des bars les plus stylés de Mélenè ; il lui précisa qu'il était accompagné de ses collaborateurs parmi lesquels se trouvait leur ami commun.

Et ce soir-là, il lui dit toute la fascination qu'elle lui inspirait. Il lui dit aussi le plaisir qu'il éprouvait chaque fois à sa vue.

-   Je t'aime, dit-il finalement à son oreille.

Lissom Calvin ne lui était pas indifférent. Elle aimait son côté enfantin, ludique… Elle aimait sa tendresse et sa fermeté… Il était visiblement plus sérieux que son précédent copain.

Elle accepta de sortir avec lui.

Une semaine plus tard, ils couchaient ensemble. Ce fut deux jours après l'émission du mot d'ordre de fin temporaire de la grève.

Quelques semaines plus tard, elle se rendit compte qu'elle était tombée profondément amoureuse de lui ; elle n'avait pas essayé de contrôler ses sentiments. Du reste, peut-on jamais les contrôler ?... Inès savait que l'on ne contrôle ses sentiments que lorsque l'on n'est pas encore tombé amoureux. Elle le savait grâce au contrôle qu'elle avait toujours exercé sur les hommes qui avaient été amoureux d'elle sans qu'elle n'éprouvât de véritables sentiments pour eux. Et ils avaient été nombreux, ces hommes-là.

***

Juin. Activités de campagne électorale à leur apogée.

Jamais auparavant, Lissom Calvin n'était intervenu sur les médias comme il le fit ce mois-là. Et jamais auparavant, il n'avait été aussi virulent dans ses propos envers le régime en place.

À la fin du mois devait se tenir la validation des candidatures à la présidentielle.

Ainsi, tandis qu'il intervenait sur les médias, Lissom Calvin était aussi chargé de seconder Chief Souté à Nouka dans la constitution de son dossier de candidature. Lorsque ceci fut fait, il alla le déposer au ministère de l'administration territoriale et de la décentralisation qui était chargé de valider les candidatures parce qu'étant chargé de l'organisation des élections.

Cette validation de candidature représentait une sorte de sésame pour Chief Souté à Nouka, son équipe de campagne et son entourage. Elle représentait aussi une voie d'apaisement pour Chief Souté à Nouka et son équipe de campagne, car entre lui et une certaine frange de son équipe de campagne, tout n'allait plus pour le mieux.

L'argent manquait.

L'argent manquait même sérieusement. Et ceci déprimait tout le monde, y compris Chief Souté à Nouka lui-même qui s'enfermait durant des heures dans son bureau. Il n'y avait plus ou presque d'argent de taxi. Et les rumeurs selon lesquelles il se tramait un complot, au sein du gouvernement, pour écarter Chief Souté à Nouka dans la course à la présidentielle n'arrangeaient rien.

Deux membres de l'équipe de campagne trahirent ouvertement le courant des Modernistes au cours de la troisième semaine de juin. Ils voulaient sortir par la grande porte au lieu de prendre le risque de tout perdre si Chief Souté à Nouka était écarté de la course à la présidentielle.

Il n'y eut aucun mot dans la presse de cette trahison.

Les deux ex-membres de l'équipe de campagne avouèrent à Lissom Calvin, lors d'entretiens séparés, qu'ils étaient très avancés dans leurs négociations avec LA PARTIE ADVERSE. La partie adverse entendue comme le système en place. Lissom Calvin s'était radicalisé – ou presque –, il leur en voulut de cette trahison, sans haine aucune. Juste comme un frère d'arme le ferait face à un déserteur : froidement.

Chief Souté à Nouka et son équipe de campagne étaient pertinemment conscients de ce que représentait une validation de candidature à la présidentielle pour eux : la fin de leurs problèmes d'argent.

Les promesses de financement de leur campagne électorale étaient aussi nombreuses que généreuses. Les promesses de tomber de masques et donc de prises ouvertes de position en faveur du courant des Modernistes du RDPK étaient tout aussi nombreuses.

Ainsi, un groupe d'hommes d'affaire camerounais opérant dans le secteur pétrolier et ayant des connexions avec certains milieux d'affaires américains avait promis de financer indirectement la campagne électorale de Chief Souté à Nouka en lui offrant du pétrole brut pour une valeur d'environ un milliard et demie de francs CFA. D'autres promesses, moins généreuses, se chiffraient en dizaines de millions de francs CFA.

Une seule condition se posait toutefois à tous ces financements : la validation de la candidature.

Et elle fut rejetée. La candidature de Chief Souté à Nouka fut rejetée. Le motif en était qu'il manquait une pièce, du reste de moindre importance, au dossier de candidature. En réalité, cette pièce ne manquait pas au dépôt du dossier puisque celui-ci était absolument complet : elle avait été simplement retirée du dossier. Proprement retirée du dossier par une main malveillante du ministère de l'administration territoriale et de la décentralisation.

Recours en justice. Lors de l'audience à la cour constitutionnelle, Chief Souté à Nouka et son avocat apportèrent clairement la preuve que la pièce incriminée faisait partie du dossier au moment de son dépôt. Mais rien n'y fit : le président de la cour constitutionnelle refusa de valider la candidature. Il donnait l'impression de ne pas avoir d'autre choix, *d'avoir reçu* des injonctions claires : il fallait écarter le nommé Chief Souté à Nouka de la course à la présidentielle.

Il y avait foule ce jour-là au tribunal où se tenait l'audience. Tout ce que le Kameroun comptait comme médias publiques et privés – surtout privés – y était représenté. Et tous accueillirent ce rejet de candidature avec dégoût et indignation. Le système ne reculait vraiment devant rien.

Toute la presse privée non financée par certains membres du gouvernement titra sa une dessus, avec virulence. Mais le système était comme une caravane devant un chien qui ne fait qu'aboyer à son passage.

***

Après ce coup dur, Chief Souté à Nouka et son équipe passèrent en quelques semaines de la lumière la plus vive au noir le plus absolu. À l'exception de quelques rares mentions dans quelques rares papiers de la presse privée, on ne parla plus de Chief Souté à Nouka. Car, une bonne frange de la presse privée refaisait profil bas et revenait aux habituelles critiques politiques très autocensurées.

En août, n'y tenant plus car se trouvant fort humilié, Chief Souté à Nouka abandonna femme et enfants au Kameroun et partit en France. Raison officielle : sécurité, il ne se sentait plus en sécurité… encore qu'il ne s'était plus jamais senti en sécurité depuis la création du courant des Modernistes du RDPK.

En fin août, les négociations des deux ex-membres de l'équipe de campagne de Chief Souté à Nouka aboutirent : ils obtinrent tous les deux des postes de cadres dans deux ministères, en l'occurrence, celui du tourisme et celui des mines, de l'eau et de l'énergie.

Lorsqu'ils reçurent la confirmation de leurs nominations, ils allèrent rendre visite à Lissom Calvin. Ils le trouvèrent dans

64

un profond état de désolation et s'efforcèrent de lui remonter le moral en lui avouant qu'ils n'avaient pas abandonné les idéaux du courant des Modernistes de RDPK, qu'ils les avaient juste tu puisqu'il fallait bien vivre… Et puis, selon une maxime consacrée, désormais pour eux, il n'était plus question de scier la branche sur laquelle ils étaient assis.

Une maxime très à propos au Kameroun.

Marche tout droit, ferme ta gueule, soit hypocrite ou alors, crève.

L'enfer ou un certain paradis.

Puisqu'il fallait vivre, Lissom Calvin finit par se résigner à choisir un certain paradis : il alla rencontrer le recteur de l'université de Youndé II avec qui il était en rapport depuis un certain temps. Ce fut en mi-septembre. Celui-ci l'envoya chez le ministre de l'enseignement supérieur en l'avertissant du fait qu'il n'y avait pas un bon dossier.

Et en effet, ainsi qu'il le constata sur place, son dossier n'était pas beau à voir. Il était plein de rapports peu élogieux, lourds de rapports tous plus salissant les uns que les autres, épais à cause de rapports calomnieux – subversion, menaces de brûler des amphithéâtres et autres énormités du même genre.

Le ministre était très remonté contre lui.

Lissom Calvin lui parla longuement. Il se calma.

Ils se *réconcilièrent*.

Il le renvoya vers le recteur.

- Tu sais, Calvin, lui dit le recteur deux jours plus tard, je ne suis pas contre tes idéaux. Je suis même plutôt d'accord avec toi. Mais, vois-tu, il faut bien vivre. Il faut bien préserver ses acquis. J'applaudis lorsque le chef de l'Etat parle, même si je suis contre ce qu'il dit. Je défends plus qu'aucun autre sa politique de gouvernance même si j'y trouve à redire. Je suis du reste prêt à t'écarter de mon chemin si tu oses une seule fois faire un geste qui pourrait jeter du discrédit sur ma carrière. Car, saches-le, je te donnerai des responsabilités. Tu encadreras tes camarades. Je veux du calme dans mon université et tu as la capacité de l'y faire régner. Si tu n'es pas d'accord avec *eux*, au moins, tais-toi. D'accord ?

- Je me tairai.

Et tandis que le nouveau recteur de l'université de Youndé I matait la nouvelle vague de la grève, sur le campus de l'université de Youndé II, le calme régnait.

Car, en mi-septembre, la grève avait repris, aucune des propositions de l'ADDEK n'ayant été pris en compte. Et le recteur de l'université de Youndé I avait changé. L'ancien recteur était déjà tombé dans l'anonymat et le nouveau venait directement de l'université de Buéa où il y avait eu cinq morts quelques mois plus tôt.

Lissom Calvin fit bien le travail que son recteur lui confia.

Après les élections qui furent gagnées par le candidat sortant, Binya – 72 ans –, Lissom Calvin fut nommé coordonateur des activités para-académiques de l'université de Youndé II par décision du recteur de ladite université.

Un an plus tard, il devint un haut cadre du Ministère de l'Enseignement Supérieur par décret présidentiel.

Jour des corps sains

Lorsque tes yeux se sont posés sur moi
Je n'y ai lu que du mépris
Et lorsque je t'ai posé sur la balance de la vie
Ô combien léger tu étais

Minuit et toujours pas de sommeil, ou du moins, de sommeil réel. J'ai bien eu des trentaines de minutes de sommeil discontinu, des trentaines de minutes de sommeil alternant avec des phases de veille plus ou moins longues… Oui, dormir, ce n'est pas vraiment cela.

Couchée à côté de moi, Anny semble ne pas connaitre le même sort. Et pourtant, j'ai l'impression du contraire… Elle et moi nous connaissons depuis près de trois ans déjà. Pourtant, nous n'avons jamais passé un jour entier ensemble. C'est justement pour cette raison qu'elle est venue à Yaoundé hier matin. Elle vit à Douala la plus grande partie de l'année.

Me serrant un peu plus contre elle, je me mets à la caresser. D'abord les jambes – lisses – puis plus haut, mais pas très haut néanmoins. Ensuite le ventre et enfin les seins à travers le double rempart de la chemisette – qu'elle a mise avant de se mettre au lit – et du soutien-gorge. Elle a frémi dans son sommeil puis a écarté les jambes… Ma main redescend puis, écartant le slip, se pose sur l'évidence même de sa féminité. Plus la caresse est accentuée, plus je sens son corps entré dans le mécanisme du plaisir sexuel : elle mouille abondamment.

Seulement, elle dort. Puis soudainement, elle bouge et referme les jambes. Reflexe précédent le summum du plaisir sexuel ? Je ne sais pas.

Je commençais à peine à être excité… mais cela ne m'avance en rien eu égard au stade où se trouve notre vie sexuelle c'est-à-dire au balbutiement.

Cinq heures trente, son téléphone portable – ou plutôt le réveil qui y est incorporé – sonne. Il est l'heure de se lever. Elle a un train à prendre à sept heures trente.

Je me sens nettement plus alerte qu'elle, donc je me lève tandis qu'elle s'étire paresseusement et vais allumer la réglette[6] à sa demande. Je reviens la trouver. Petits câlins. Elle semble les apprécier. Elle a un demi-sourire.

-   Allez, lèves-toi mon gros bébé, lui dis-je.
-   Hum…, fait-elle dans un sourire.

Toujours molle de sommeil, elle se met enfin sur son séant. Elle veut se frotter les yeux : ils lui démangent.

-   Non ! lui dis-je. Il ne faut pas les irriter, chérie.

Elle arrête net son geste. C'était un réflexe : une partie de notre corps nous démange, de façon inconsciente, on ne songe qu'à se gratter. Mais pour elle, interdiction absolue de laisser aller le réflexe lorsqu'il s'agit de ses yeux. Sinon, gare aux douleurs oculaires et aux rougeoiements des yeux. Et encore, gare aux démangeaisons oculaires toujours plus pressantes.

-   Est-ce que tu m'as déjà embrassé ? lui souffle-je à l'oreille.

Elle ne répond pas.

Serait-ce un accord de principe ? Je ne sais pas. Néanmoins, mes lèvres se rapprochent des siennes. Baiser d'une trentaine de secondes auquel elle ne répond que timidement. La réglette ne s'est pas tout à fait allumée tout à l'heure puisqu'il n'y a que ses deux extrémités qui sont allumées, créant ainsi une douillette pénombre. Problème de starter. À sa demande, je tripatouille un tout petit peu celui-ci et la lumière est faite. Une belle lumière fluorescente.

Elle se lève enfin.

Quelques minutes après, s'étant dévêtue, elle saisit le seau d'eau que j'ai préparé à son intention la veille au soir et se rend aux toilettes. Je m'allonge alors à plat ventre sur le lit et m'efforce vainement de me rendormir.

Quinze minutes plus tard, elle est de retour. Elle chantonne.

-   Je vois que tu es définitivement réveillée cette fois, lancé-je.
-   Ah oui, tout à fait, acquiesce-t-elle en souriant.

---

[6] « Réglette » : appellation familière d'une variété de lampes électriques sous forme de tubes fluorescents.

Elle rassemble ses vêtements qu'elle fourre dans son sac – sa sacoche plus exactement. Cela ayant été fait, elle s'assied sur un tabouret. Posant judicieusement un bout de miroir devant elle, elle se met en devoir de se maquiller.

-   Tu sais ce à quoi je pensais lorsque tu faisais ta toilette ?
-   Non.
-   Eh bien, je pensais que nous devrions enfin parler sérieusement de notre sexualité à ton prochain passage ici, à Yaoundé.
-   Tu veux déjà sauter le pas ?[7] réplique-t-elle un peu hargneuse.
-   Euh… oui. En fait, si cela ne dépendait que de moi, nous l'aurions déjà sauté depuis un certain temps. Mais sur une question comme celle-là qui nous concerne tous les deux, je ne dois pas prendre sur moi de décider comme cela de sauter le pas. Par ailleurs, il n'est pas uniquement question ici de sauter le pas mais il est aussi question de savoir si tous les deux nous le désirons réellement, et dans quel contexte nous devons ou voulons le faire. Tu comprends ?... La bonne santé de notre couple en dépend.

Elle acquiesce du chef.

La vérité est autrement plus complexe : je l'aime, je veux sauter le pas mais je ne me sens pas encore assez en confiance avec elle pour cela.

-   Je ne rêve que d'une chose là, maintenant, lui dis-je peu après, alors qu'elle finit de se maquiller.
-   De quoi ?
-   Me coucher et dormir encore même trois heures[8]. Malheureusement, je ne pourrai pas le faire, même

---

[7] Par « Tu veux déjà sauter le pas ? », entendez « Tu veux déjà qu'on fasse l'amour ? ».

lorsque je vais rentrer après que je t'aurai accompagnée. Il y a ma maman qui va venir ce matin, très tôt, d'après ce que m'a dit ma petite sœur hier au téléphone… d'ailleurs, tu l'as toi-même suivi puisque j'avais activé la main-libre.

- Tu n'as pas le choix. C'est ainsi, dit-elle, philosophe.

Quelques minutes de silence. Elle se lève.

- Je crois que nous pouvons y aller.
- D'accord, approuvé-je. Laisse-moi quelques secondes pour mettre quelque chose, ajouté-je en me saisissant d'une culotte posée sur un autre tabouret.

Deux minutes plus tard, je tourne la clé dans la serrure.

- Où est-ce que je vais prendre[9] le taxi ?
- Au CRADAT[10], si tu n'en empruntes pas un avant d'y arriver.
- Il commence à se faire tard, fait-elle avec une note d'inquiétude dans la voix.

Il y a déjà assez de mondes dans les rues : cette partie de Yaoundé est très vivante parce que située non loin du campus universitaire. Par ailleurs, le soleil semble vouloir se lever assez tôt aujourd'hui. Tous ces signaux peuvent facilement induire en erreur sur les questions d'heures… Je consulte l'écran de mon téléphone portable.

- Il est six heures dix. Donc, il n'y a pas le feu…
- Je peux même prendre une moto, n'est-ce pas ?[11]
- Oui. Seulement, cela va te revenir plus cher.

---

[8] Au lieu de « et dormir encore même trois heures » lisez plutôt « et dormir encore pendant au moins trois heures ». Il s'agit d'une formulation spécifique à la parlure locale camerounaise.

[9] Par « prendre » entendez plutôt « emprunter ».

[10] CRADAT (Centre Régional Africain d'Administration du Travail). Ici, le CRADAT fait référence au lieu-dit qui porte ce nom. Les habitants du coin y empruntent habituellement leur taxi à des endroits bien déterminés.

[11] Au lieu de « Je peux même prendre une moto, n'est-ce pas ? », lisez plutôt « Je peux également emprunter une moto, n'est-ce pas ? ».

Elle hèle un mototaxi qui vient de nous dépasser. Il s'arrête et nous le rejoignons.

-   Tu peux m'emmener à la gare-voyageur[12] à deux cent[13] ? s'enquiert-elle.
-   À la gare-voyageur ? Ah ! J'ai cru entendre gare routière. Tu dis deux cent ?
-   Oui.
-   Trois cent.
-   Deux cent cinquante.
-   Trois cent.
-   Laisse.

Il démarre.

-   Je crois que tu aurais dû accepter. Cela t'aurait permis de changer ton argent. Tu ne crois pas ?
-   C'est vrai.

Elle le siffle. Il s'arrête mais est abordé par quelqu'un d'autre.

-   Hé ! fait-elle, indignée.
-   Je ne crois pas qu'il veut monter, la rassuré-je.

Effectivement, nous le rejoignons à nouveau au moment où le jeune homme qui l'avait abordé s'éloigne. Apparemment, ce dont ils parlaient n'avait rien à voir avec la moto d'après les dernières bribes de conversation que j'ai pu saisir.

-   D'accord, amène-moi, dit Anny.

Elle s'installe. Je lui fais un baiser sur la joue droite, presqu'à la commissure des lèvres.

-   Bye chérie.
-   On se bipe, dit-elle alors que la moto s'éloigne.

Je ne réponds rien, mais je songe : je suis sûr qu'elle ne lui dira pas qu'elle a un billet de cinq mille avant qu'ils ne soient arrivés à la gare ferroviaire.

En arrivant à la maison quelques minutes plus tard, je trouve qu'Olivia – une de mes voisines – vient de se lever.

---

[12] Au lieu de « gare voyageur » lire plutôt « gare ferroviaire ».
[13] Par « deux cent » entendez « deux cent francs CFA ».

Salutations. Peu après, en allant prendre mon bain, je la trouve en train de se brosser les dents, l'air préoccupé.

- Tu as un problème ? m'enquiers-je.
- Oui.
- Je peux t'aider ?
- Ce n'est pas un problème d'argent à proprement parler.
- Je n'ai pas dit que c'en est un. Alors, je peux t'aider ?
- Je te dirai plus tard. Vas d'abord prendre ton bain.

- Alors, c'est quoi ton problème ? lui demandé-je dans sa chambre une trentaine de minutes plus tard en m'asseyant sur un tabouret rembourré, juste en face de son poste de télévision.

Elle est en train de nourrir son fils d'un an et demi. Des bouts de pain trempés dans du lait.

- Est-ce que tu es sûr que tu peux m'aider ?
- On ne sait jamais, dis toujours.
- J'ai un retard.
- De combien de temps ?
- Deux semaines.

Elle s'exprime de sa voix habituelle, sur son ton habituel : calmement. Je sens la colère montée en moi.

- Et je suppose que tu vas faire une interruption de grossesse ?
- Oui.
- Mais, est-ce que tu es sure que tu es enceinte ?
- Le *gars-là* m'a envoyé un test il y a quelques jours. Il est positif. Je l'ai gardé ici. *Il* doit venir ce soir. Je vais le *lui* montrer pour qu'*il* le voie *lui-même*. Martin, j'ai un problème d'argent… pour que je me fasse avorter. Et je vais *lui* montrer ce test pour *le* convaincre de m'en donner.

- Comme je me sens en colère ![14] Quand je pense que tu t'étais décidé de ne plus jamais te faire avorter.
- Pourtant, je *lui* avais dit ce jour-là de mettre le préservatif. *Il* m'avait répliqué qu'*il* n'en avait pas sur *lui*.
- Mais, tu aurais dû *lui* dire que ce n'était pas possible sans le préservatif, lui répliqué-je passablement choqué.

Elle ne dit rien à cela.

- Quand je *lui* ai dit que je suis enceinte, *il* m'a dit qu'*il* voulait un bébé de moi. Je *lui* ai répondu qu'il n'en était pas question, je ne peux pas.

Tout est clair maintenant, me dis-je. Cette histoire de préso[15] qu'on n'a pas sur place…

- *Il* t'amène donc à avorter une fois de plus ?
- Oui. Je *l'*attends ici aujourd'hui. Il faut qu'*il* me donne de l'argent.

Je bouillonne intérieurement. Quel gâchis. Dire qu'elle s'était dit de ne plus… Et puis, bon, ce qui est fait est fait.

- Il faut voir un gynécologue, c'est plus sûr.
- Tu sais, j'avais décidé de me faire aspirer. J'ai un type qui me fait ça. Je lui ai même déjà envoyé des amies. Il fait ça très bien…
- Mais, un gynécologue, c'est mieux. C'est plus sûr, maintiens-je.
- Mais, il est lui-même gynécologue.
- Ah !
- C'est vrai qu'il n'a officiellement pas un cabinet mais il le fait vraiment bien. Il est déjà sorti de la faculté de médecine avec un diplôme de gynécologue mais vu qu'on ne l'a pas encore intégré dans la fonction publique, il se débrouille comme ça. Il n'a

---

[14] Au lieu de « Comme je me sens en colère ! » lisez plutôt « Que je me sens en colère ! ».

[15] « Préso » diminutif de « préservatif ».

pas encore les moyens d'ouvrir quelque chose à son propre compte...

Court silence.

- Je disais donc qu'il le fait très bien. Lorsqu'il finit d'aspirer, il prescrit des antibiotiques pour éviter les infections.
- O.K., fais-je, pensif.

Triste et en colère malgré tout, je songe que c'est bien un être humain dont le sort est ainsi en train d'être dit. Il n'est encore qu'un amas cellulaire, certes, mais *c'est* un être humain.

Je change de sujet.

- Je devais continuer la constitution de mon dossier pour le concours du CUSS[16] aujourd'hui, mais malheureusement, je ne pourrais le faire.
- Pourquoi ?
- Ma maman vient tout à l'heure à Yaoundé partant d'Éséka[17]. C'est ma petite sœur qui me l'a dit hier au téléphone. Et je ne sais même pas si elle va venir avec ma nièce. Par ailleurs, je ne sais si je dois déjà me rendre à Mvan[18].
- Ah ! Mais attends. Lorsqu'elle va arriver, elle va t'appeler. Il ne faut pas que tu ailles poireauter à l'agence...
- Tu as peut-être raison.

Autre court silence.

- L'État va encore remplir ses caisses cette année avec l'argent des pauvres camerounais, dis-je.
- C'est-à-dire ?

---

[16] CUSS (Centre Universitaire des Sciences de la Santé) : ancienne appellation de la Faculté de Médecine et des Sciences Biomédicales (FMSB) de l'université de Yaoundé I. Elle est restée d'usage, par habitude.

[17] Éséka : chef-lieu du département du Nyong-et-Kellé. Ville située à environ 150 Km de Yaoundé par la route.

[18] Mvan : quartier de Yaoundé où la plupart des agences des compagnies de transport interurbain terrestres a été installée.

- On sera encore plus de trois mille cinq cent candidats cette année à faire le concours du CUSS. Nous étions tellement nombreux hier à la banque pour payer les frais du concours !...
- Tu m'as dit que tu l'avais déjà fait l'année dernière, n'est-ce pas ?
- Oui. Nous étions plus de trois mille sept cent… et on en a retenu que quatre-vingt-dix… comme chaque année, conclus-je avec dépit. J'espère que je l'aurai cette fois ; je n'ai vraiment pas envie de le faire encore l'année prochaine.
- Buy[19] la place, dit Olivia en souriant.

Elle connait déjà ma réponse, c'est pour cela qu'elle sourit : jamais, je ne le ferais même si j'en avais les moyens.

Huit heures dix. Je viens à peine de finir de partager son petit déjeuner avec elle que je me lève.
- Bon, je crois qu'il faut que j'y aille maintenant.
- Mais, elle va t'appeler, non ?
- Si ça va être le cas, eh bien, l'appel me trouvera en chemin, dis-je en souriant.

Peu après, nous prenons congé l'un de l'autre. Nous nous reverrons certainement seulement dans la soirée.

En chemin, je reçois effectivement un coup de fil. C'est ma maman. Elle me dit qu'elle m'attend à l'agence.

Elle commence tout juste à arranger le bandage et les attelles qu'il y a sur les jambes de ma nièce lorsque j'arrive. Tandis que ma mère et moi nous nous embrassons, ma nièce – qui est âgée de trois ans – grignote tranquillement un bout de pain en me dévisageant.

Cela fait un mois que je ne l'ai pas vue – je n'ai pas pu les accompagner à l'hôpital lors du rendez-vous d'il y a deux semaines. Et d'après ce que je vois, son traitement n'avance

---

[19] « Buy » (argot camerounais) : achète. Il s'agit ici de corruption.

pas assez vite. S'il est vrai que le plâtre – dans lequel elle a déjà passé six semaines – a redressé de façon importante ses jambes qui étaient à l'origine très déformées, il n'en demeure pas moins qu'il reste beaucoup à faire.

- Je suis en train de lui bander les jambes afin que le médecin ne les voie pas ainsi, me dit ma mère.

Effectivement, en arrivant quelques instants plus tôt, j'ai constaté que le bandage n'était pas fameux. Et actuellement, j'ai l'impression que celui qu'elle lui confectionne n'est guère mieux.

Ayant réussi tant bien que mal sa tâche, nous quittons l'agence, moi portant l'enfant, et elle son carton, celui dans lequel elle va mettre les alvéoles d'œufs qu'elle compte acheter tout à l'heure. Une dame assez jolie de son visage apostrophe ma nièce : « Bébé Kelly s'en va à l'hôpital ? » qu'elle dit.

Je souris à la dame. Elle prodigue quelques caresses à l'enfant puis nous continuons notre chemin.

- Tu vas avancer avec l'enfant au Centre des Handicapés. Moi, je vais d'abord me rendre à Ekounou[20] pour voir si je peux avoir l'argent du loyer de ma maison[21]. Si je l'ai, je vais acheter les chaussures que nous a demandées le médecin la dernière fois. Cabral m'a dit ce matin au téléphone qu'il ne les avait pas achetées et je ne sais pas s'il a encore l'argent que ton père lui a donné à cet effet.

Cabral, c'est mon grand frère. Il est toujours très pris par ses activités.

---

[20] Ekounou : quartier de Yaoundé.

[21] Au lieu de « … pour voir si je peux avoir l'argent du loyer de ma maison » lisez plutôt « … pour essayer d'obtenir de mes locataire, l'argent du loyer ». Dans le langage parlé familier camerounais, le verbe « voir » s'utilise de plus en plus à la place de « s'assurer », « s'assurer de… », « vérifier », « vérifier si… », « essayer », « essayer de… », etc. En clair, il s'utilise de plus en plus pour exprimer (paradoxalement) un certain doute.

-   Je ne le crois pas non plus. On va faire comme tu as dit.
-   Emmène également mon carton avec toi. Je ne vais pas le trainer avec moi en lui cherchant les chaussures, quand même non ?
-   Tu as raison, approuvé-je en riant, imaginant ma maman avec ce gros carton, allant d'étalages de chaussures en étalages de chaussures, discutant le prix ou demandant des chaussures pour fillette de trois ans handicapée.

Peu après, ma nièce et moi empruntons un taxi.

Le médecin traitant de ma nièce n'est pas encore là lorsque nous arrivons dans « sa » salle d'attente au Centre National de Réhabilitation des Handicapés d'Étoug-Ébé[22]. Nous nous installons donc et attendons.

Non loin de ma nièce et moi, d'autres handicapés se rééduquent sur des appareils. Ils sont impressionnants de courage. Ils m'ont d'ailleurs toujours impressionné depuis le temps que je viens ici accompagné ma nièce lorsqu'elle vient suivre son traitement. Deux mois déjà qu'elle le suit, ce fameux traitement.

Curieuse salle d'attente : ici sont parfaitement mélangés patients en train de suivre une séance de rééducation, patients en attente d'être reçus par les médecins et les accompagnateurs. Les patients en rééducation sont aidés soit par un proche soit par – c'est ce qu'il me semble – des médecins stagiaires. Autour de nous, il y a des bébés, beaucoup de bébés et d'enfants en bas âge souffrant de déformations… Et je me sens d'une certaine façon réconforté.

Curieux comme le malheur des autres sait réconforter !

Le médecin arrive enfin. Quelques minutes plus tard, nous entrons dans son cabinet, ma nièce et moi – ou plutôt, moi

---

[22] Étoug-Ébé : autre quartier de Yaoundé.

portant ma nièce car elle ne marche pas encore, ce dont le médecin va être surpris lorsque je le lui dis. De fait, il s'empresse de me faire remarquer que ceci aurait déjà dû être le cas.

- Elle est dans les attelles depuis quoi ? Quatre semaines, n'est-ce pas ?
- C'est exact, réponds-je, sentant déjà la rancœur monter en moi.

Contre qui, cette rancœur ? Contre le médecin qui me parle de ce que je désire le plus – que ma nièce aurait déjà dû recommencer à marcher, convenablement cette fois ?... Contre ma mère et ma petite sœur qui auraient pu éviter ces déformations en nourrissant convenablement ma nièce avec des produits laitiers ou quelques autres produits riches en calcium ? Contre ma mère et ma petite sœur qui auraient dû s'assurer que ma nièce remarche vite, qui auraient dû suivre les directives du médecin ? D'ailleurs, celui-ci vient d'enfoncer un peu plus le clou : le bandage n'a pas été bien effectué, risquant ainsi de sectionner les très jeunes tendons d'Achille de ma nièce.

- Est-ce que ta maman t'a dit qu'on lui fera son massage à l'enfant ?
- Oui. Elle a quand même[23] oublié de me donner le pagne sur lequel les jambes de l'enfant devront se poser au cours de celui-ci.
- Elle t'a donné l'argent ?

Surpris mais ne voulant néanmoins pas le lui montrer, je m'enquiers :

- Combien ?
- Mille six cent francs.
- Elle ne me les a pas donnés.
- Alors dans ce cas, vous allez attendre dehors, me dit-il avec son sourire qui a le don de m'exaspérer.

---

[23] Au lieu de « quand même » lisez plutôt « néanmoins ».

C'est ce genre de sourire que semble avoir un chat devant une souris dont il sait qu'elle ne lui échappera pas. Et je pense : ma maman a peut-être raison de ne pas aimer cet homme.

- O.K., nous allons donc l'attendre, dis-je.

Ma maman n'arrive que plus de deux heures plus tard, me trouvant déjà passablement en colère contre elle. Mais, je lui pardonne tout de suite pour tout dès que je la vois : elle est si brave. Elle me trouve en train de rééduquer Kelly.

- Tu as acheté les chaussures ?
- Oui, me répond-t-elle. Dix mille francs.
- C'est vous qui ne savez pas attacher le bandage, lui dis-je peu après qu'elle m'ait montré lesdites chaussures. Et vous avez blessé Kelly, ajoute-je avec du ressentiment dans la voix. Elle a des blessures sur les pieds.

Je n'ai pas pu m'empêcher d'avoir du ressentiment…

- Nous, on ne sait pas comment le lui attacher, Mireille et moi. c'est pour cela que j'ai tenu à acheter ces chaussures aujourd'hui.

Mireille est ma petite sœur et la mère de Kelly.

- Il faut donc aller voir le médecin avec les chaussures. Au fait, comme[24] tu ne rentrais pas vite, j'ai fait faire son massage à Kelly et j'ai payé avec mon argent. Ça a creusé un peu mon budget[25]. Combien vous lui payez d'habitude ?

Surprise, ma maman dit :

- On ne lui donnait plus rien. La dernière fois, on ne lui a rien donné, et la dernière fois remonte à deux semaines. Il t'a pris combien ?
- Mille six cent francs.
- Hum, fait ma mère.

---

[24] Au lieu de « comme » lisez plutôt « vu que ».
[25] « mon budget » : pension que le père du narrateur lui verse mensuellement pour lui permettre de régler ses charges mensuelles.

Court silence.

- On verra pour ton budget plus tard.

Elle se dirige vers le cabinet du médecin. Peu après, elle revient nous trouver dans la salle attenante à la « salle d'attente ». Je suis toujours en train de rééduquer Kelly.

- Le médecin a dit que ce n'est pas les chaussures qu'il faut. Il m'a montré des chaussures adaptées à des attelles dans son cabinet et il m'a dit qu'il pouvait nous les vendre. Du moins, la mère d'un patient les lui a laissées dans ce but-là.
- O.K. Va donc rendre les chaussures et récupère l'argent. Après, nous verrons ce qu'il y a lieu de faire. J'espère seulement que celui qui te les a vendues voudra les reprendre.
- Je l'espère aussi. Donne-moi le carnet de Kelly. Je vais le lui montrer et lui expliquer que le médecin a dit que ce n'est pas les chaussures qu'il faut.
- D'accord, à tout à l'heure donc. Tu nous trouveras ici. Kelly ne veut pas se tenir debout correctement. Tu sais, à force de rester assise durant ces deux derniers mois, ses hanches ont un peu « oublié » la station debout. De fait, elle ne « se tient debout » que le buste penché vers l'avant. Il faudra que nous lui fassions réapprendre à se tenir debout normalement. Et ce ne sera pas simple, connaissant Kelly comme je la connais.
- Bon, tout à l'heure, dit ma maman après avoir acquiescé de la tête à mon discours.

Elle est préoccupée par la réaction que pourrait avoir le vendeur de chaussures… Je l'ai lu dans son attitude.

Une heure plus tard, ma mère est là. Le vendeur a été compréhensif. J'ai fini par coucher Kelly sur le dos, elle a insisté dans ce sens pendant près de trente minutes à grand renfort de pleurnicheries.

Ma mère va revoir le médecin. Ce dernier lui fait comprendre que l'équipement – les chaussures adaptées à des attelles – nous reviendra à vingt-cinq mille francs. Mais vu que nous lui laisserons les attelles que porte actuellement Kelly, cet équipement nous reviendra finalement à vingt mille francs.

Je pars vérifier ces informations auprès du médecin – non pas parce que je doute de ce que vient de me dire ma mère mais parce que le médecin m'a dit tout à l'heure que les chaussures nous reviendrons à quinze mille francs. Il me confirme le prix qu'il a indiqué à ma maman et m'explique que ce sont uniquement les chaussures qui coûtent quinze mille francs. Mais parce qu'il y a aussi les fers qui vont être utilisés pour adapter ces chaussures aux attelles, le tout va finalement coûter vingt mille francs soit vingt-cinq mille francs moins cinq mille francs d'attelles… Un peu saoulé par ce raisonnement, je reviens l'expliquer à ma maman qui me fait comprendre à travers ses expressions faciales qu'elle n'est vraiment pas près d'aimer ce médecin.

Après une courte tergiversation, elle décide d'enlever dix mille francs dans l'argent qu'elle avait programmé d'utiliser pour acheter un matelas pour le lit de mon grand-père maternel – programme qui tombe donc de ce fait dans l'eau. Afin de la conforter dans sa décision, je lui dis que le lit de grand-père peut attendre, mais les jambes de ma nièce ne le peuvent pas : les déformations deviendraient irréversibles passé un certain âge donc, il n'y a pas de temps à perdre.

Ayant acquis l'équipement, nous nous rendons compte que la taille des attelles de celui-ci ne correspond pas aux jambes de Kelly. Il faut donc les faire raccourcir. Mais, nous devons patienter un peu, le temps que le médecin lui-même constate les faits, ce qu'il fait quelques minutes plus tard.

- J'espère qu'il y a encore quelqu'un à l'atelier de l'hôpital[26], nous dit le médecin. Sinon, vous serez obligées de passer la nuit à Yaoundé pour les faire raccourcir demain.

Ma maman se rend à l'atelier. Peu après, elle revient bredouille : il n'y a plus personne. Dépités, nous nous résignons au fait que Kelly et elle doivent passer la nuit à Yaoundé et que nous dussions encore une fois attacher son bandage à Kelly : nous le lui avons déjà détaché puis attaché deux fois de suite.

Mais alors que nous venons de terminer un nouveau bandage, nous entendons le médecin s'exclamer :

- N'est-ce pas voici un des techniciens de l'atelier qui arrive ! Vous m'avez dit tout à l'heure qu'il n'y avait plus personne à l'atelier. C'est même votre frère[27], il faut seulement le supplier de vous aider et lui donner « sa bière »[28] après.

Et ma maman de supplier l'intéressé. Il finit par accepter. Peu après que le médecin a fini de nous expliquer comment procéder pour le bandage – somme toute facile avec l'équipement –, nous quittons la « salle d'attente » dont nous étions les derniers occupant depuis environ une heure déjà.

Une demi-heure plus tard, nous quittons l'enceinte du Centre des Handicapés, le nouvel équipement – très pratique – aux jambes de ma nièce.

Rendez-vous pris dans deux semaines.

---

[26] Au lieu de « … à l'atelier de l'hôpital » lisez plutôt « … dans l'atelier de l'hôpital ». C'est une confusion assez courante au Cameroun lorsqu'il s'agit de localiser un endroit, un espace.

[27] Par « frère », entendez ici « frère ethnique ».

[28] Par « donner sa bière », entendez « motiver », « remercier avec de l'argent »… bref, manifester de la reconnaissance, surtout avec de l'argent.

Deux heures plus tard, je suis chez moi. À l'agence, j'ai laissé ma maman et ma nièce sur le point d'embarquer dans le bus à destination d'Eséka. Elle a été au préalable faire quelques achats tandis que je m'étais avancé avec Kelly à l'agence.

En arrivant, j'appelle Olivia. Tandis qu'elle m'ouvre la porte de chez elle, elle me fait comprendre que le *gars-là* n'est pas encore venu et que, de toutes les façons, *il* lui a dit qu'*il* ne viendra que le lendemain dans la soirée. Entre temps, ajoute-t-elle, elle s'est décidée à se rendre chez son gynécologue le lendemain matin…

Peu après, ayant épuisé le sujet de son avortement, je m'assieds confortablement devant la télévision. Un film va commencer.

Vingt-trois heures trente. Laminé, lessivé, éreinté, je le suis au moment où je me mets au lit. Une longue journée m'attend demain. Notamment, il faudra que je continue de constituer mon dossier de candidature au concours d'entrée à l'ex-CUSS – curieux ce concours d'entrée en faculté de médecine dans un pays manquant cruellement de médecins ! Et dans la soirée, il faudra me rendre chez ma grande complice – ma quasi-sœur – au lieu-dit École des Postes. J'en profiterai pour lui dire qu'Anny – sa quasi belle-sœur[29] – m'a demandé de lui dire qu'elle ne doit pas se montrer inquiète ou désolée. Elle n'a juste pas eu le temps d'aller la voir[30] au cours de son passage d'un peu moins de vingt-quatre heures à Yaoundé : trop de courses dans la journée, fatigue dans la soirée et départ très tôt ce matin. Elle l'assure néanmoins qu'elle le fera à son prochain passage… J'en profiterai également pour lui

---

[29] La force du lien d'amitié entre le narrateur et sa complice est telle qu'elle considère volontiers Anny comme sa belle-sœur.
[30] Par « Elle n'a juste pas eu le temps d'aller la voir » entendez « Elle n'a juste pas eu le temps d'aller lui rendre visite ». Un autre usage du verbe « Voir » dans le langage parlé familier camerounais…

demander où en est sa relation difficile et tumultueuse avec son amant.

Si Freud a raison, alors je ne serai pas surpris de rêver de rapports humains harmonieux, de femmes accouchant de beaux bébés joufflus dont la naissance a été parfaitement planifiée, d'enfants en parfaite santé, de construction d'hôpitaux sur tout le territoire national – des hôpitaux couvrant parfaitement toutes les catégories de la médecine – et d'un recrutement massif de personnels médicaux qui seront bien traités et n'auront donc pas besoin d'arrondir leurs fins de mois sur le dos des patients…

Jours de paix

Il n'existe aucune raison valable qui puisse justifier que des hommes décident d'ôter la vie à d'autres, pas même – et surtout pas – des motifs politiques ! La vie humaine est si précieuse que les auteurs du livre le plus ancien, le plus édité et le plus lu au monde – la Sainte Bible – aient écrit, il y a fort longtemps : « Tu ne tueras point ».

Une rumeur persistante courait depuis quelques jours. Selon celle-ci, une grève dans le secteur du transport était en préparation. On disait que c'était pour le lundi suivant, mais Luis ne savait pas si tout ceci était fondé. Lorsqu'il en avait eu les échos pour la première fois, il s'était dit qu'il allait vérifier tout cela auprès d'un taximan la prochaine fois qu'il emprunterait un taxi. Pourtant, le jour où il eut cette occasion, il manqua de peu ne pas le faire. Il se rendait à un rendez-vous entre son grand-frère et lui au centre-ville de la cité capitale Yaoundé, et l'idée de s'informer à propos de cette éventuelle grève lui était sortie de la tête depuis un certain temps. Ce qui lui permit de s'en rappeler ce fut le fait que, justement, le sujet de la conversation dans le taxi entre les différents passagers était cette grève à venir – car il était désormais avéré qu'elle aurait lieu.

-   Combien de temps va-t-elle durer, cette grève ? s'enquit-il alors auprès du taximan au détour d'un bref moment de silence.
-   Ceci dépendra du gouvernement. Si comme nous commençons lundi matin, le soir il nous donne une bonne solution à nos préoccupations[31], dès le lundi soir, nous pourrons nous remettre au travail…

Après cette réponse qui le satisfit largement, Luis se tut bien que la conversation se poursuivît sur le même sujet entre les autres passagers et le taximan. Il apprit ainsi qu'en dehors du prix élevé du carburant, l'autre raison majeure de la grève à venir était le montant de l'amende à payer pour rentrer en possession d'un véhicule saisi par les services de la voirie municipale.

Le lendemain était lundi. Avant de mettre le nez dehors, Luis s'informa de l'état de la circulation des taxis auprès de l'un de ses voisins de la cité universitaire avec qui il partageait la salle de bain.

-   Il n'y en a même pas un seul qui circule, lui dit-il.

---

[31] « Si comme nous commençons lundi matin, le soir… » : « Étant donné que nous commençons la grève lundi matin, si le soir même… ».

Luis avait un programme de sortie ce matin-là, il dut donc l'annuler et se rendit plutôt au décanat de la faculté des Sciences où il avait des informations à recueillir.

Autour de midi ce jour-là, il entendit pour la première fois des échos d'émeutes à Douala. Inquiet, il interrogea quelques voisins qui le lui confirmèrent.

Le soir, dédaignant de regarder les informations nationales sur une des chaines privées du pays, il préféra s'abrutir de films sur la chaine Ciné Cinéma Star. Ce n'était qu'une grève, une de plus, se dit-il. Demain, il n'y paraitra plus rien, de ces soit disant émeutes.

Luis considérait la chaîne d'Etat comme n'étant pas du tout fiable quand il s'agissait de la divulgation de L'INFORMATION JUSTE. Du reste, ainsi qu'il l'apprit le lendemain, elle ne parla même pas ce soir-là des émeutes de Douala.

Et mardi matin, la grève et les émeutes étaient toujours là.

Déjà sept morts à Douala, l'informa un de ses voisins.

Ce matin-là, avant de prendre sa douche, Luis et son voisin de chambre parlèrent de la question de la modification de la constitution, de l'aveuglement évident du chef de l'Etat et de son gouvernement face aux problèmes élémentaires des camerounais ainsi que des conséquences de tout ceci : sept morts à Douala.

Lors du journal Afrique Midi de RFI[32], il reçut définitivement la confirmation de l'ampleur des émeutes de Douala.

Dans la soirée, le Spécial Crise qu'il regarda sur une chaine privée le laissa définitivement dégouté des médias camerounais. Au cours de cette émissions, un de ces sortes d'anciens opposants convertis en militants zélés du parti au pouvoir – à cause de quelques facilités et probablement de quelques espèces sonnantes et trébuchantes *gracieusement* offertes par le pouvoir en place – s'était investi en

---

[32] RFI : Radio France Internationale

pourfendeur des opinions de l'opposition, d'une part, et en ardent défenseur de ceux du parti au pouvoir, d'autre part.

Oui, Luis se sentait très déçu et très en colère !

Il éprouvait de la déception et de la colère autant envers l'ancien opposant qu'envers les présentateurs – qui coupaient la parole à tous les opposants présents sur le plateau de l'émission – et les ministres qui menaient les négociations avec les représentants des syndicats des transporteurs. Des ministres qui appelaient très maladroitement les camerounais à s'unir allègrement derrière le chef de l'Etat pour six francs CFA de réduction sur le prix du litre d'essence – qui coûterait tout de même désormais cinq cent quatre vingt quatorze francs CFA – et pour quelques autres facilités qui, de l'avis de Luis, n'avaient pas à être sujettes à des négociations tant leur cause était farfelue – vingt-cinq mille francs CFA d'amende pour infraction aux règles régissant le stationnement en zone urbaine ou d'autres calamités du même genre, dans un pays où le salaire moyen de base était de vingt-sept mille francs CFA !

En se levant le lendemain, mercredi, Luis ne savait pas de quoi cette nouvelle journée pourrait être faite, ce qu'un voisin s'attela à lui faire savoir : Yaoundé qui, jusqu'ici, avait été épargnée par les émeutes s'était à son tour engagé sur la même voie. Toutes les boutiques, boulangeries et gargotes étaient fermées. Il n'y avait plus aucun lieu de ravitaillement en produits domestiques usuels ou en aliments, excepté à l'intérieur du campus universitaire où une unique boutique était encore ouverte.

À la radio, sur toutes les chaines captables, on ne parlait plus que des émeutes qui paralysaient le Cameroun. La veille déjà, il n'y avait plus aucune circulation sur la Nationale Numéro Trois. Bamenda, Bafoussam et plusieurs autres villes de l'ouest du Cameroun étaient le théâtre de scènes de violence entre les forces de l'ordre – appuyées par des militaires – et les civils manifestant contre la cherté de

la vie et la modification de l'article 6.2 de la constitution…
Ainsi, en trouvant une *solution* à la crise des transporteurs,
le gouvernement qui croyait ainsi avoir trouvé la solution à
la latente crise sociale – qui désormais secouait le pays –
s'était profondément trompé. Une fois de plus.
À midi, aucun véhicule ne circulait plus.
Quelques bombes lacrymogènes avaient été jetées aux
lieux-dits Cité U et École des Postes. Au centre-ville,
plusieurs coups de feu à balles réelles auraient été tirés ; on
parlait de morts au centre-ville ainsi que dans les quartiers
Obili et Biyem-Assi, notamment.
On parla de treize morts puis de dix-sept morts sur RFI.
Mais Luis était intimement convaincu qu'on était loin du
compte des morts, de même qu'on était loin du compte des
véhicules brûlés, des stations-services saccagées et des
commerces pillés… Le Cameroun était paralysé.
Dans la soirée, on parla d'un éventuel discours du chef de
l'Etat. La rumeur fut rapidement confirmée. Luis, quant à
lui, l'apprit en se réveillant de sa sieste autour de dix-huit
heures trente avec, dans la tête, les paroles qu'il avait lancé
en direction des policiers du GSO[33] avant que ceux-ci ne
lançassent quelques bombes lacrymogènes en direction du
groupe d'étudiant manifestant au niveau du portail de la
Cité U[34] : « Nous sommes comme vous !… Nous sommes
comme vous !… Vous n'êtes pas différents de nous !... »
Mais, en se levant de son lit une place, Luis savait que ces
gens-là n'étaient pas comme lui, comme les autres
camerounais : ils étaient armés et chouchoutés par le
gouvernement qui en faisait un instrument répressif. La
fameuse politique du « Bouledogue Bien Nourri » à qui l'on
donne de temps à autre quelques centilitres d'alcool pour
mieux l'exciter, se dit-il.

Le discours…

---

[33] GSO : Groupement Spécial d'Opérations
[34] Cité U : Cité Universitaire

Mais, au fond, se dit Luis, qu'était-ce donc exactement, cet assemblage de mots et de phrases ? Un discours ? Des menaces ? Des insultes ? Ou simplement des menaces et des insultes ?

Les camerounais sont des apprentis sorciers.

Les camerounais sont des apprentis sorciers car, hormis dans le cadre d'une manipulation politique, ils ne peuvent pas se rendre compte de l'enchérissement des denrées de première nécessité, de l'enchérissement du coût de la vie. Camerounais égal idiot.

Tous les camerounais veulent être LE chef de l'Etat. Pour cela, ils sont TOUS prêts à user de la violence.

Si vous manifestez encore une fois votre désir de ne pas me voir modifier la constitution en son article 6.2 ou encore, votre désir de me voir prendre des mesures pour abaisser les prix des denrées de première nécessité, je vous ferai abattre comme de vulgaires chiens. Du reste, nous ne pouvons que « déplorer » le décès de quelques jeunes sous les balles de mes chouchous, notamment les militaires du BIR[35], qui, je sais, sont normalement chargés de pourchasser les coupeurs de route au nord et à l'est du Cameroun.

Et en ce mercredi soir, il y eut des chars de guerre dans les rues de Yaoundé, de Douala et de quelques autres agglomérations du Cameroun, ainsi que des dizaines de camions et de pick-up bourrés de militaires et de policiers armés jusqu'aux dents.

Et en ce mercredi soir, il y eut quelques autres morts.

Et en ce mercredi soir, sous le prétexte que quelques étudiants leur ont dit : « Bakassi vous a dépassé et c'est sur les camerounais que vous voulez faire voir ou faire croire que vous savez faire la guerre », des militaires vont s'introduire dans la cité universitaire pour forcer des portes de chambres d'étudiants puis briser des bras et des jambes

---

[35] BIR : Bataillon d'Intervention Rapide

ainsi que blesser grièvement des étudiants au crâne. Bilan : au moins cinq étudiants invalidés.

En raison de pneus brûlés sur la chaussée, plusieurs autres jeunes, étudiants ou non, vivant dans les mini-cités environnant la cité U subiront le même sort.

Le lendemain matin, en entendant énumérer tout cela à l'occasion de la brève visite de courtoisie du ministre de l'enseignement supérieur – qui ne dit rien et ne fit que distribuer quelques billets de dix mille francs CFA directement sortis de la banque centrale croirait-on –, Luis se souvint des paroles que, semblerait-il, les militaires se disent souvent entre eux après ce genre d'événement : « Le BEPC est plus fort que le Bac. Cette nuit, nous avons tabassé un bon paquet d'étudiants ».

En se rendant chez une amie, résidente de la cité universitaire comme lui, il s'entendit dire par sa « cochambrière[36] » que celle-ci avait été ramenée en famille par son père véhiculé[37] la veille autour de seize heures. Ceci ne le surprit guère, plusieurs parents l'avaient également fait, ce qui n'était que normal : le devoir d'un parent c'est de protéger sa progéniture. De fait, son propre père l'avait appelé le jour précédent pour lui conseiller d'éviter de se mêler aux manifestants et aux attroupements – et même de s'en approcher ne serait-ce que par curiosité. Des recommandations qui lui furent renouvelées par téléphone par sa mère en ce jeudi matin, ce qui l'avait réveillé du même coup. Recommandations martelées par son père en ce jeudi soir à l'occasion d'un nouveau coup de fil !

Et les bilans qui ne faisaient que s'aggraver. Des lycéens et même des enfants étaient comptabilisés parmi les cadavres.

Et ce témoignage – entendu sur RFI – d'une mère qui ne trouvait plus de quoi nourrir ses enfants affamés tandis que des militaires sillonnaient son quartier en semant la mort et

---

[36] Cochambrières (cochambriers) : étudiants résidant dans une même chambre.

[37] Véhiculé : propriétaire d'un véhiculé (adjectif ou nom)

la détresse dans des familles et dans les cœurs de mères et de pères.

Au cours d'un débat sur RFI, des auditeurs parlèrent du discours totalement hors sujet du chef de l'Etat. Et des hommes – uniquement les hommes et pas de femmes – proches du pouvoir applaudirent des deux mains le discours « très à propos » du chef de l'Etat.

Et dans la soirée, l'Espoir qui naissait. L'Espoir que le chef de l'Etat et ses mauvais conseillers – de l'avis de Luis et de toutes les personnes avec qui il se frottait au quotidien – avaient enfin entendu et compris les camerounais…

Le lendemain vendredi, malgré les paroles d'un taximan – qui reprenait les propos d'un capitaine des forces armées soûl qu'il avait conduit la veille dans ses tournées (« Tirez, tirez sans sommation, au moindre mouvement » disait le commandant aux jeunes militaires de moins de vingt-cinq ans du BIR) –, Luis sentait son Espoir toujours grandissant. Il venait d'accompagner son père à l'agence de voyage. Celui-ci était arrivé le matin même dans la ville pour s'informer de la situation sanitaire et matériel de Luis, sa sœur et ses deux frères : il venait de repartir satisfait.

- Ce sont des enfants, renchérissait le taximan en parlant des éléments du BIR. Ils tirent sans hésitation. Est-ce qu'ils ont un enfant ou une femme qui les attend à la maison ? Non ! Ils tirent ! D'ailleurs, chaque fois que le capitaine arrivait hier dans un lieu où il y en avait en faction, il demandait : « Combien ? ». Lorsqu'il y avait des morts, ils donnaient le nombre ou sinon, ils disaient : « RAS » comme rien à signaler.

- Vous savez, dit Luis, ce capitaine avait bu parce qu'il croyait que l'ordre qu'il donnait de tirer sans sommation n'était pas aussi grave lorsqu'il était soûl que lorsqu'il ne l'était pas. Et moi, je vous dis qu'il se trompe lourdement. Car, lorsque vous commettez un acte grave dans un état d'ébriété, il vous engage

autant que si vous n'étiez pas soûl. Et ici, dire :
« Tirez sans sommation. Ordre direct. » équivaut à
dire « Tuez, tuez », soûl ou pas soûl.
Le taximan sourit.

Cette après-midi-là, dans le courriel que Luis envoya à la
rédaction d'Appel Sur l'Actualité[38], il écrivit : « Ce qui
sauve le Cameroun c'est le fait que les armes n'y circulent
pas librement. Surtout, après l'affreux discours du chef de
l'Etat d'avant-hier soir. Et pour cette raison, je dis : Merci
Mère Nature. Sinon, nous n'en serions pas là, maintenant. »
Luis médita ces paroles ce soir-là avant de s'endormir et
conclut, en analysant la vitesse à laquelle le calme était
revenu sur le territoire camerounais : « Les camerounais
sont très intelligents et très sages, ce qui est très loin de la
lâcheté. Ils ont compris que leurs cailloux, leurs étincelles et
leurs cris de colère mêlés aux injures ne faisaient pas le
poids devant des armes dans les mains de jeunes
irresponsables formés pour tuer ».

Le lendemain était un samedi. Ce qui le réveilla, ce fut le
bruit que faisaient les étudiants résidants à la cité U en train
de jouer au football. Sur le terrain de basketball, beaucoup
de jeunes hommes et femmes jouaient également, lorsqu'il
sortit pour s'acheter son pain du matin.
On plaisantait et on semblait grave dans la plaisanterie.
Plus tard, au marché, on riait et on semblait grave dans le
rire. On était relax et on semblait grave dans la relaxation.
On était heureux et on semblait grave dans le bonheur.
Et surtout, on était dans l'attente.
Ainsi que le dit un homme d'Etat, cadre du RDPC, dans un
débat sur RFI : « Le gouvernement n'est pas constitué
d'autistes. Il a compris les camerounais et verra comment

---

38 Appel Sur l'Actualité : émission de RFI

prendre en compte leurs attentes dans ses décisions et agissements futurs. »

Ainsi, alors que des vies s'en allaient, l'Espoir venait, se dit Luis ce jour-là, dans un moment de réflexion. Et les jours suivants, il eut maintes fois l'occasion de se répéter ces simples paroles.

L'enfer, ce n'était pas seulement les autres, finalement.

J'ai eu le bac !

*Je pense et crois que ce qui différencie fondamentalement
l'homme juste et bon du bourreau cruel c'est la sensibilité
et l'humanisme : l'homme juste et bon est sensible et
humain alors que le cruel bourreau a perdu toute
sensibilité et toute humanité
Le cruel bourreau est tout simplement bourreau et cruel*

La dernière épreuve du baccalauréat série D est passé il y a plus d'un mois et demi ; nous sommes en début août et les résultats n'ont pas encore été proclamés à la radio. Ils n'ont encore été proclamés nulle part, d'ailleurs. Alors, résultats des courses, Achille Gwet a des appréhensions. Mais pas seulement : il angoisse aussi… il est anxieux.

Le baccalauréat, au Cameroun, constitue l'examen officiel qui se déroule en premier lieu, ceci probablement pour que les résultats « sortent » plus vite et que les nouveaux bacheliers aient assez de temps pour décider de ce qu'ils vont faire de leur proche et lointain avenir. Quant à ceux qui ne l'obtiennent pas, ceci leur laisse assez de temps pour que la famille et les proches leur remontent le moral et les remplissent d'une énergie nouvelle qui les poussera, les poussera, les poussera durant l'année scolaire suivante. Les méthodes utilisées ne sont pas toujours les meilleures, du moins, ne sont pas toujours les plus douces. *D'un côté*, il y a la famille qui encourage l'infortuné afin qu'il tienne bon, la phrase classique étant : « Tu l'auras l'année prochaine ! ». Du reste, ce n'est pas que la famille qui en use, les amis et les autres relations l'utilisent aussi, parfois jusqu'à la limite de l'abus, à croire que tous sont subitement devenus devins et plein de grâces – de beaucoup de grâces – pour l'infortuné. Ce dernier est pourtant conscient que tous ne pensent pas tout à fait comme ils parlent. D'où les médisant qu'il y a *de l'autre côté*, des médisants qui ont souvent des faces d'amis, de proches très compatissants qui n'attendent que l'éloignement de l'infortuné pour tomber les masques. Achille Gwet connait très bien ces gens-là, il a eu affaire à eux l'année surpassée lorsqu'il a échoué au probatoire, il les a même parfaitement identifiés. Il y a par exemple Libom Gilbert, le fils du voisin : il n'est pas méchant mais Achille sait qu'au-delà de sa bonne humeur de façade, il est bouillant à l'intérieur. Il était en seconde C l'année scolaire précédente et passe en première. Achille et lui ont fréquenté la classe de troisième ensemble… Gilbert est amer. Il en est ainsi de tous les autres qu'il a identifiés, amer et/ou jaloux : le père d'un ancien camarade cancre, le camarade cancre, l'ami d'enfance qui n'a pas assez fréquenté l'école à cause du manque d'argent, l'oncle ou la tante éloigné qui n'a pas vu sa propre progéniture depuis belle lurette, et le lot est complet.

Généralement, il n'y a que les parents très proches qui s'aventurent dans des critiques à visage découvert. Ceux-là, Achille les aiment bien ou alors les aiment beaucoup puisque c'est souvent le père, la mère, la sœur ou le frère… c'est aussi une manière de pousser l'infortuné.

Donc, vraiment beaucoup de raisons d'avoir des appréhensions, d'angoisser, d'être anxieux et tout le reste. Heureusement, le calvaire va prendre fin ce soir : un journaliste a annoncé la lecture des résultats du bac de l'enseignement général à la fin du journal de dix-sept heures. Quatre heures à attendre environ !

Vingt-quatre heures plus tard, les résultats du sous-centre de Makak n'ont pas encore été lus, à croire que ces journalistes font des combines ! Qu'ils lisent donc les résultats du Cameroun tout entier pendant qu'ils y sont, pour terminer par les résultats du sous-centre de Makak ! Achille leur dédie un gros juron Bassa'a en passant. Depuis vingt-quatre heures, il n'a pas bougé de la maison et est resté presque collé à son poste de radio. Il n'a même pas pris de bain, ayant décliné la veille l'invitation de ses copains qui allaient à la rivière, une bonne heure avant le début de la lecture des résultats… Ah ! Au fait, qu'est-ce que ces résultats attendent pour arriver à Makak afin que le proviseur les affiche ? Décidément, tout se ligue contre les aspirants bacheliers de Makak !

-   J'ai eu le bac ! clame-t-il de toutes ses forces en déboulant dans le salon.

Il est vingt-trois heures cinq mais personne n'est encore couché : on attendait la lecture des résultats de Makak. Maintenant, c'est fait. Tout le monde le congratule : papa, maman, le grand frère, les deux petites sœurs et les trois petits frères. Achille est aux anges, la vie est belle, l'avenir est rose. Tandis que plusieurs de ses parents envisagent d'aller se mettre au lit, Achille, quant à lui, programme déjà une sortie dès maintenant – dès « tout de suite » – avec des amis. Ce soir-là et jusque très tard dans la nuit – ou plutôt, jusque très tôt le lendemain matin –, il danse, picole et hurle sa joie de bachelier tout neuf (« J'ai eu le bac ! ») avec ses amis, tout du moins, avec ceux qui sont aussi de tout neufs bacheliers.

Achille avait décidé de s'inscrire à l'université de Yaoundé I, filière Biologie Animale. Donc, aujourd'hui, il y est venu avec deux de ses amis et camarades de classe – Robinson et Théodore – qui ont, bien évidemment, eu leur bac comme lui cette année. Ils sont arrivés à Yaoundé il y a une heure et sont passés à la chambre du grand frère d'Achille Gwet pour y laisser leurs sacs de voyage. Le grand frère est étudiant à l'université de Yaoundé II, mais étant donné qu'une partie des locaux de cette université est encore localisée – pour l'instant – au campus de l'université de Yaoundé I, il avait pris une chambre dans une mini-cité du lieu-dit Bonamoussadi dans le quartier Ngoa-Ékellé un an plus tôt. Pour le moment, il est à Makak en vacances académiques.
Ils étaient convaincus en arrivant à Yaoundé qu'ils n'auraient besoin que de trois jours pour constituer leur dossier de préinscription. Mais voilà, ils avaient perdu de vue un détail très important : en même temps qu'eux, il y a eu plus de vingt mille autres bacheliers à travers le Cameroun, et une grande partie d'entre eux a décidé de s'inscrire à l'université de Yaoundé I en faculté des sciences. L'interminable, désordonné et braillard rang de

bacheliers attendant d'obtenir la fiche de recette – premier élément du dossier de préinscription qui leur permettra d'aller payer les dix-mille francs CFA de frais de préinscription – qu'ils ont sous leurs yeux témoigne de ces plus de vingt mille bacheliers de cette année.

Premier choc donc.

Il faut réviser la stratégie d'attaque.

Bon, à défaut d'obtenir la fiche de recette, il reste tout de même les relevés des notes du probatoire et du baccalauréat à retirer à la délégation provinciale du centre du ministère des enseignements secondaires.

Achille et compagnie emprunte donc un taxi. Direction : la délégation provinciale. Une fois sur place, nouveau choc. Encore des rangs avec, en bonus, des fenêtres fermées – des guichets fenêtres plus exactement. C'est par ces guichets fenêtres que les relevés des notes vont passer pour arriver dans leurs mains en qui celles des employés du MINESEC[39]. De dépit, les trois acolytes s'asseyent tout d'abord sous l'une des vérandas qui courent autour de l'un des bâtiments de la délégation provinciale. Ils se sentent tout à coup fatigués, un peu désorientés.

Il faut souffler un peu, puis aviser.

Ils se concertent : il faut se renseigner. Ce qu'ils font. Il est midi et les employés sont à la pause donc il faut patienter une heure trente (supplémentaires). Avec ce monde ? se demandent les trois acolytes. Rien n'est moins sûr que réussir à obtenir un relevé des notes ici, aujourd'hui, concluent-t-ils. Donc, retour à la base c'est-à-dire à la chambre de Bonamoussadi. La stratégie d'attaque du lendemain :

1) Se lever très tôt.
2) Aller occuper les premières places dans les rangs pour retirer la fiche de recette ; en l'absence du relevé des notes, utiliser le bordereau des résultats du

---

baccalauréat, sous-centre de Makak, pour prouver aux agents de l'université chargés de délivrer les fiches de recette aux bacheliers tout neufs qu'on a bien réussi au bac.

3) Foncer illico à la banque dont une agence a été créée au sein du campus universitaire à dessein et payer les dix-mille francs.

Journée du surlendemain, stratégie d'attaque :

1) Se lever très tôt (quatre heures du matin, soit entendu).

2) Foncer à la délégation provinciale du centre du MINESEC.

3) Occuper les premières places dans les rangs.

4) Retirer les relevés des notes.

5) Foncer à la sous-préfecture d'Efoulan légaliser les photocopies des relevés des notes et de l'acte de naissance. Fin de la journée.

Journée d'après le surlendemain, stratégie d'attaque :

1) Se lever très tôt.

2) Aller au campus attendre la séance d'orientation et de remplissage des fiches de préinscription.

3) Déposer les fiches et tous les autres documents à la scolarité de la faculté des sciences. Fin de la journée et fin des préinscriptions.

Il ne restera plus alors qu'à se préparer pour le retour à Makak. Ça tombera d'ailleurs bien puisque l'argent prévu pour la nutrition risque probablement d'arriver à l'épuisement ce jour-là même. Papas et mamans savent que les préinscriptions ne devraient pas durer au-delà. Le pari est donc encore possible à tenir !

Satisfaits, les trois acolytes se couchent très contents d'eux ce soir-là après de longues promenades exploratrices de la ville autour de l'université de Yaoundé I.

Le lendemain, réveil matinal donc : quatre heures. Le temps de prendre leurs douches, vérifier leur argent et leurs pièces d'identité, ils sont sortis.

À leur arrivée au campus, il est à peine cinq heures, mais… ils ne sont pas les premiers. De fait, le premier à être arrivé sur place leur informe qu'il y était à quatre heures trente ! Le rang compte désormais une dizaine de personnes.

Évidemment, une fois arrivé sur place, il n'y a plus qu'à prendre son mal en patience.

De cinq heures, heure de leur arrivée devant la scolarité de la faculté des sciences, à huit heures, heure à laquelle on s'intéresse enfin à eux, plusieurs rangs emberlificotés ont largement eu le temps de se former. Dans un désordre indescriptible accompagné de braillements, d'injures et d'insultes – ces trois dernières civilités particulières étant pour moitié dirigées contre les agents de l'université chargés de s'occuper d'eux –, des piétinements, des bousculades et des mouvements de foule se mêlent allègrement.

À huit heures quarante-cinq, la remise des fiches de recette commence. À neuf heures quinze, Achille et compagnie ont les leurs. Il faut maintenant foncer à la banque, mais il y a la faim qui s'en mêle… donc, il faut manger.

Une tasse de Kossam[40] accompagnée de quelques beignets sucrés et/ou de Camars[41] fait rapidement l'affaire. Il faut ensuite aller à la banque – du moins, à son agence qu'il y a au sein du campus.

Il y a affluence. Déjà bien avisés – ils sont en train de comprendre le système –, ils décident de prendre leur mal en patience. Entrés dans les rangs à neuf heures quarante environ, ils en ressortent à quatorze heures… sans avoir payé leurs dix-mille francs CFA. Fort dépités, ils quittent le campus, refusent de rentrer à la base se reposer et vont se balader.

---

[40] Kossam : lait fait à la manière haoussa.
[41] Camars : petits gâteaux.

Demain est un autre jour.

Plus jamais de stratégies : il faut faire les choses au fur et à mesure qu'elles viennent !

Le lendemain, mercredi (troisième jour à Yaoundé pour raison de préinscriptions à l'université), réveil très matinal, préparatifs et campus. Devant les guichets, ils sont parmi les premiers et il est quatre heures cinquante. À huit heures, le paiement des frais de préinscription commence. À huit heures trente, ils ont payé. Pas de temps à perdre – aux environs de sept heures quinze, ils ont rapidement ingurgité dans les rangs du pain chargé à la sardine faite à la maison[42]… de toutes les façons, il faut être économe, très économe –, il faut foncer à la délégation provinciale du Centre du MINESEC. Bien sûr, il y a des rangs et beaucoup de monde, mais Achille et compagnie connaissent la chanson – ils commencent même à très bien la connaitre.
Alors, ils intègrent les rangs. Il est neuf heures cinq.
À midi, pause pour tous les agents du MINESEC et premiers signes de famine chez les trois acolytes. Raisons économiques obligent, il faut supporter, supporter, supporter sinon la situation financière risque de s'aggraver et, à terme, il n'y aura plus rien pour se nourrir, à plus forte raison, pour emprunter le taxi. Et le taxi, c'est très important à Yaoundé, en particulier, lors des préinscriptions puisque les lieux de collecte des pièces du dossier de préinscription ne sont guère proches les uns des autres. Pour ne rien arranger, il n'y a pas l'ombre d'une route plate à des kilomètres à la ronde !
Treize heures trente, retour de pause des agents du MINESEC. Quatorze heures dix, Achille et compagnie sont

---

[42] Oui ! Ça existe, la sardine faite à la maison. Il suffit de faire cuire la sardine (le poisson) d'une façon particulière et vous l'avez, votre sardine faite à la maison. Les vendeuses des marchés de tous les campus universitaires et de tous les marchés d'établissements scolaires du Cameroun peuvent vous en donner la recette !

servis : ils tiennent enfin dans leurs mains leurs relevés des notes du probatoire et du baccalauréat.
Retour au campus. Direction : centre médico-social – bon, l'hôpital de l'université quoi. Rangs, très longs rangs…et tout ce qui va avec en terme de pagaille. Donc, rien à faire pour aujourd'hui !

Le jeudi (quatrième jour à Yaoundé pour raisons de préinscriptions à l'université), réveil très matinal. Cinq heures quinze, Achille et compagnie sont – encore – parmi les premiers devant le centre médico-social. Ils seront enfin reçu à neuf heures quarante-cinq : il aura d'abord fallu servir les aspirants étudiants qui ont été enregistrés la veille mais qui n'ont – évidemment – pas été servis la veille. À dix heures, ils doivent eux-mêmes remplir à toute vitesse des certificats médicaux – sans aucune consultation préalable. Ainsi, dans la rubrique « Antécédents personnels », Achille et compagnie doivent systématiquement mettre « NON » – conseils de pairs et des médecins du centre médico-social – devant « Affections neurologiques » et « Affections psychiatriques ». Par ailleurs, ils doivent mettre « RAS » devant « Autres (à préciser) ». De même, dans la rubrique « Statut vaccinal », ils cochent systématiquement « OUI » devant « BCG », « Hépatite », « Tétanos 3ème dose » et « Méningite ». Comme dans un jeu ! Du reste, ceci les amuse bien… Dans la rubrique « Examen physique », le médecin consultant écrit un grossier « Normal » de la curieuse écriture des membres des corps médicaux du monde entier. « Normal » ? C'est – apparemment – la mention obligatoire puisque plus bas, il y a deux lignes très claires dans leur propos. Ces deux lignes-là n'entendent tolérer aucune autre mention car elles disent : « L'intéressé(e) est déclaré(e) apte à s'inscrire à …………. ».
Le praticien appose son cachet et sa signature au bas du certificat médical et le tour est joué !

On fonce à la sous-préfecture d'Efoulan : il est dix heures trente-cinq.

À la sous-préfecture, on leur informe que les timbres à apposer sur les photocopies de documents officiels à faire légaliser ne sont pas disponibles sur place. Heureusement, on les informe également que lesdits timbres peuvent être achetés à la perception de la mairie située non loin de là, que leurs photocopies peuvent même être légalisées à la mairie même donc pas besoin de revenir à la sous-préfecture pour cela. De guerre lasse, Achille et compagnie foncent à la mairie, font le nécessaire et, une heure plus tard, ils ont leurs photocopies légalisées.

Retour au campus où ils arrivent à midi quinze. Les orientations pour la journée sont terminées donc il faut attendre le lendemain. Grâce aux informations vite glanées, ils savent que le lendemain ne sera pas un jour à se lever très tôt puisqu'il y a plusieurs « conseillers d'orientation » et, si le besoin se présentait, plusieurs amphithéâtres seront réquisitionnés pour procéder aux « orientations » puis au remplissage des fiches de préinscription.

Vendredi (cinquième jour à Yaoundé pour raisons de préinscriptions… et plus que quelques maigres pièces d'argent pour la nutrition), à neuf heures trente ont lieu les « orientations » immédiatement suivies des remplissages des fiches de préinscription. À onze heures quinze, tout est fin prêt et à midi, les dossiers de préinscription sont déposés à la scolarité de la faculté des sciences. Il était temps. Achille, Robinson et Théodore sont très contents : ils sont presque déjà des Étudiants.

Mais, plus de temps à perdre à Yaoundé. Il n'y a plus d'argent de nutrition et l'argent du transport pour le retour à Makak n'est plus suffisant pour Robinson. Il va falloir jouer au chat et à la souris avec les contrôleurs de la gare ferroviaire de Yaoundé ainsi qu'avec le contrôleur de train –

ou à défaut, biaiser avec ce dernier. Qu'à cela ne tienne, on se débrouillera !

Les listes des aspirants étudiants autorisés à s'inscrire à l'université de Yaoundé I ne seront pas affichées avant au moins deux semaines. Donc, il y a assez de temps pour frimer à Makak devant les lycéens !

Les listes ont été affichées quinze jours plus tôt et Achille, Robinson et Théodore ont été autorisés à s'inscrire respectivement dans les filières Biologie Animale, Mathématiques et Biologie Végétale.

Aujourd'hui, Achille doit se rendre à la banque pour payer sa pension académique soit cinquante mille francs CFA. Heureusement qu'elle est – ou plutôt, que son agence est – au sein du campus universitaire…

Ses deux amis sont arrivés à Yaoundé une semaine plus tôt – cinq jours avant lui – afin de se trouver des chambres. En fait, ils les ont déjà trouvées, au quartier Ngoa-Ékellé, ce qui est toujours très difficile !

À cinq heures quinze, ils se retrouvent à la banque. Ils ne sont bien sûr pas les premiers, mais ceci ne les surprend plus. À huit heures trente, ils payent leurs droits universitaires et se font établir des grilles modulaires. Ils vérifient ainsi qu'il y aura certaine unités de valeur[43] qu'ils feront ensemble dans le cadre du « tronc commun » – ainsi que les « conseillers d'orientation » le leur avait dit. Le jour même, ils remplissent leurs fiches d'inscription académique et les déposent à la scolarité.

Ayant désormais un numéro matricule, ayant payé leurs droits universitaires et ayant établi leurs fiches d'inscription académique, ils sont VRAIMENT désormais des étudiants. Les cours, ils vont commencer à les prendre la semaine prochaine… le premier cours d'Achille aura lieu mardi à sept heures trente.

---

[43] Unités de valeur (en abrégé UV) : matière enseignée.

Mardi, le grand jour !

En homme averti, Achille se lève tôt – à cinq heures –, se prépare et fonce au campus – amphithéâtre 1001 pour faire très académique et Amphi 1001 pour faire étudiant… De la même manière, la BA 101, une des UV – BA pour Biologie Animale – sera appelée « la 101 » par les étudiants. C'est l'appellation estudiantine. Et pour faire très académique, on ne dira plus « la 101 » ou la « BA 101 » mais « l'unité de valeur intitulée Organisation Structurale et Fonctionnelle de la Cellule »… Ouf ! Très long, ma foi, de l'avis de tous les étudiants.

Une fois de plus, Achille n'est pas le premier arrivé : il y a déjà à l'intérieur de l'amphithéâtre une vingtaine d'étudiants. Certains – la plupart même – ont réservé des places pour leurs copains. Ils n'auront pas toujours cette possibilité puisque, quelques mois plus tard, les responsables d'amphithéâtres – qui sont des étudiants ou des tiers désignés par l'administration de l'université – se mettront subitement à ne plus ouvrir tôt les amphithéâtres. Ceci cautionnera des désordres monstrueux au moment de l'ouverture puisque les étudiants continuant à arriver tôt, ils seront toujours plus d'une centaine à être attroupés devant les portes de l'amphithéâtre.

De l'instant où il arrive à l'amphithéâtre au moment où commence le cours, l'espace à l'intérieur de l'amphithéâtre est devenu très exigu ! Pourtant, l'amphithéâtre a une capacité de mille places, la plus grande capacité que l'on puisse trouver au sein du campus universitaire de Yaoundé I. En réalité, au moment où commence le cours, il y a plus de mille trois cent étudiants dans l'amphithéâtre. Parmi ceux-ci, il n'y a pas que les étudiants faisant partie de la « classe » mais il y a aussi des étudiants d'autres filières et niveaux. Certains sont venus là pour réviser leurs leçons avant leur propre cours, ou alors, sont venus juste pour faire du désordre – donc, pour perdre futilement du temps et perturber, à l'occasion, le cours en cours.

Ainsi – et généralement lorsque l'enseignant n'est pas charismatique –, le cours sera une sorte de cour du roi Petto où l'enseignant se tue à dispenser son cours pour les étudiants attentifs situés plus près de l'estrade tandis que les étudiants du fond se tueront à suivre le cours, en vain à cause du bruit provoqué par les quolibets, insultes et injures des étudiants venus semés le désordre. Et lorsque le mauvais état du microphone – ou alors l'absence de microphone comme ceci sera parfois le cas – et la mauvaise clarté due aux ampoules fluorescentes endommagées ou manquantes s'en mêleront, le cocktail sera parfait pour créer un cours « sens dessus dessous » où même les étudiants des premières travées s'énerveront et se mettront à faire du désordre à leur tour. Dans ces cas, l'enseignant n'aura pas d'autre choix que d'arrêter le cours, bon gré mal gré. Parfois cependant, l'enseignant s'entêtera ou bien se mettra en colère et décidera soit de continuer son cours nonobstant les protestations et les agissements des étudiants soit de considérer le cours comme faits… certains enseignants pousseront parfois le bouchon très loin, au point d'interroger les étudiants sur les cours ayant été considérés faits !

Et pour son premier jour de cours, Achille n'expérimente que les quolibets, insultes et autres injures venant du fond de l'amphithéâtre ou de quelques rares étudiants des premières travées – ceux-ci ne font jamais que des quolibets innocents et amusants. Des quolibets, injures et insultes dirigés généralement contre l'enseignant ou alors contre les étudiants qui veulent se faire remarquer. De fait, ce sont surtout les filles qui se font « descendre[44] » ou « koch[45] ».

Les quolibets, injures et insultes de ce jour-là sont, du reste, peu ou pas virulents : les deux enseignants de ce jour sont

---

[44] Descendre : chahuter
[45] Koch (francamglais) : chahuter

plutôt du genre charismatique, sévère même. Ils ne tolèrent guère ce genre de manifestations et mettent les étudiants récalcitrants à leur place ou bien menacent de les expulser de l'amphithéâtre si ces manifestations se répétaient. Tant qu'ils y sont, ils mettent tout de suite les points sur les « i », étant donné que c'est leur premier cours de l'année académique… Une année académique qui a officiellement démarrée huit jours plus tôt.

Une année académique comporte deux semestres dans le système éducatif camerounais – comme dans tous les systèmes connus. Chaque semestre comprend deux parties : la première est constituée par les cours magistraux (CM), les travaux dirigés (TD), les travaux pratiques (TP) et les contrôles continus (CC) tandis que la seconde est constituée par les examens écrits (EE) et/ou les examens pratiques (EP). Toutes les notes des compositions d'un semestre sont affichées sur les babillards. Pour chaque niveau et chaque filière – par exemple BA 1 ou Biologie Animale niveau 1 –, il y a officiellement un jury chargé de valider les notes avant leur affichage sur les babillards. Par ailleurs, chaque copie d'un étudiant est officiellement corrigée par au moins deux correcteurs avant l'attribution d'une note.
La cellule informatique – localisée au sous-sol du bâtiment-bibliothèque – est chargée d'enregistrer les notes de toutes les filières et niveaux de la faculté des sciences (FS) et de la faculté des lettres et des sciences humaines (FALSH) de l'université de Yaoundé I.
Lorsque les notes ne sortent pas ou qu'il y a une erreur d'affichage des notes, l'étudiant concerné doit rédiger une requête généralement adressée au responsable de l'unité de valeur impliquée. Il y a toujours des notes mal ou pas affichées d'où les centaines de requêtes qui inondent toujours les responsables d'UV après chaque affichage de notes, que ce soit après un examen ou après un contrôle continu.

Après un contrôle continu ou un examen – contrôles continus et examens fortement marqués par la tricherie –, il faut généralement compter un mois et demi avant l'affichage des notes, une période pendant laquelle des magouilles de toutes sortes ont lieu dont l'achat – en nature et en espèce – de notes par les étudiants.

Les enseignants qui dispensent mal les cours ou qui affichent toujours de mauvaises notes sont désignés, entre autres, par le terme « noyeur ». Une désignation qui ne semble guère galvaudée au regard des sortes de pourcentages souvent affichés – Achille va l'apprendre très vite, l'université de Yaoundé I est le champion du monde en pourcentages de validation spectaculaires d'UV puisqu'il n'y a qu'ici que l'on peut rencontrer des pourcentages de validation inférieurs à un pour cent, des pourcentages pourtant interdits par la loi camerounaise ! En songeant à l'expression « entre autres [désignations] », Achille Gwet est bien d'avis avec ses camarades qu'il existe une quantité impressionnante de noms d'oiseaux par lesquels les enseignants indexés sont désignés par les étudiants. Et chaque nom d'oiseau a vocation à exprimer autant que possible le ressentiment des étudiants envers ces enseignants.

Pour se faire établir un profil académique[46] ou un relevé des notes d'un niveau d'étude, il existe deux méthodes. La première méthode est la méthode recommandée par l'administration de l'université ; elle consiste en le dépôt dans les services du vice-doyen chargé de la scolarité d'un dossier de demande – un dossier de demande ! – d'établissement d'un profil académique ou d'un relevé des notes. Le dossier doit obligatoirement comprendre les pièces suivantes : une demande manuscrite adressée au

---

[46] Profil académique : draft (brouillon) administratif uniquement utilisable au sein de l'université de Yaoundé I et récapitulant toutes les notes finales obtenues dans toutes les UV depuis l'entrée d'un étudiant à l'université de Yaoundé I.

vice-doyen chargé de la scolarité, une requête officielle disponible auprès des photocopieurs, les photocopies de tous les reçus de payement des droits universitaires du niveau d'étude concerné, les photocopies de toutes les fiches d'inscription académiques du niveau d'étude concerné et des pièces accessoires telles que les photocopies des fiches de recette de payement des droits universitaires. Une fois le dossier déposé à la scolarité, il faut patienter au minimum deux semaines avant que le relevé des notes ou le profil académique ne soit « juste » imprimée par la cellule informatique. Ensuite – ceci ne concerne que les cas d'établissement des relevés de notes –, il faut encore patienter au minimum un mois avant que le relevé des notes ne soit signé par le doyen de la faculté dont dépend l'étudiant ainsi que par le chef de son département – filière. En tout, il faut patienter un bon mois pour se voir établir un relevé des notes et deux semaines pour se faire établir un profil académique… dans le meilleur des cas. Puisqu'il peut s'avérer que tout ceci prenne un an – un an ! – ou alors que l'un des feuillets constituant le relevé des notes se détache et se perde avant qu'il ne soit signé – ce qui annule automatiquement la valeur dudit relevé des notes, condamnant ainsi l'étudiant à se faire établir un nouveau relevé des notes à travers la même procédure.

La seconde méthode n'existe pas officiellement : c'est un fait. Elle consiste à donner une somme de cinq cent francs CFA à un des agents de l'université travaillant à la scolarité. Contre cette somme, celui-ci fait établir un profil académique ou un relevé des notes à étudiant sans nul besoin de constituer un dossier, simplement en inscrivant son nom sur une liste des étudiants désirant se faire établir l'une de ces pièces. Lorsqu'il apprend tout ceci, Achille se dit qu'il est évident que cet agent est de mèche avec les agents de la cellule informatique. Une petite enquête le lui confirme rapidement. Cette dernière méthode est extrêmement rapide puisqu'en une heure, un relevé des

notes ou un profil académique peut être imprimé. Ensuite, il ne restera plus à l'étudiant qu'à faire signer le relevé des notes par le doyen de sa faculté et par son chef de département. Et là aussi, la seconde méthode intervient puisque pour faire signer son relevé des notes en une semaine, il suffit de donner quelques milliers de francs CFA à la secrétaire du chef de département, et le tour est joué !
En tout, il faut au plus une semaine pour se faire établir un relevé des notes par la seconde méthode et au maximum deux heures pour se faire établir un profil académique.

Chaque jour passé au campus de l'université de Yaoundé I apportait son lot de nouvelles expériences à Achille Gwet et chaque jour où avait lieu un TD et/ou un TP était un jour encore plus riche en expériences. Un jour épique.
Tout d'abord, les salles de TD sont extrêmement exigües donc il faut arriver au moins une heure avant le début d'un TD pour espérer avoir une *bonne* place, ou alors, pour espérer avoir une place, quelle qu'elle soit. Ensuite, les chargés de TD, à l'image de certains enseignants, sont souvent de véritables cancres qui ne maitrisent ni le métier d'enseignant ni la matière à enseigner. Ainsi, ils passent leur temps à menacer et à abrutir les étudiants – qui ne sont pas du tout dupes pour la plupart d'entre eux. Pourtant faute de mieux, ces étudiants acceptent de souffrir le martyr, sans oublier d'égratigner de temps à autre leurs bourreaux avec quelques paroles bien senties enrobées dans quelque quolibet, injure ou insulte !
Par ailleurs, il y a les séances de TP dans des salles mal ou pas équipées. Mal équipées parce que contenant des appareils mal entretenus datant d'au moins vingt ans. Mal équipées parce que les réactifs utilisés sont dans des quantités insuffisantes – pires, infinitésimales. Mal équipées parce qu'il y a un nombre très limité de tubes à essai, d'éprouvettes, de fioles, de béchers, de bec Bunsen, d'Erlenmeyer, etc. – tous étant parfois ébréchés. Mal

équipées parce que tout simplement mal équipées : manquant de TOUT.

Une quantité impressionnante de commerces prolifère autour de la profession d'étudiant. Une profession non rémunérée. C'est d'ailleurs la seule profession non rémunérée au monde, moins encore, au Cameroun… Au nombre de ces commerces, on trouve la vente ambulante de bestiaux pour TP (crapauds, grenouilles, escargots, vers de terre, sangsues, etc.), la location de blouses blanches, la vente de polycopies de cours, la photocopie – le commerce roi –, la vente de matériels bureautiques, la vente de vivre, les call-box, la vente de fascicules, la vente de photocopies de livres…

Entre les deux semestres, il y a une période dite inter-semestrielle durant laquelle se tiennent généralement les jeux universitaires.

Au regard de toutes les difficultés et de toutes les tracasseries dont les étudiants de l'université de Yaoundé I sont victimes en une année académique, Achille Gwet, au terme de sa première année académique décide de se considérer comme un super-étudiant à l'instar de tous les autres étudiants de cette université.

La période comprise entre fin juillet et fin septembre est marquée par les concours d'entrée dans les grandes écoles de formation professionnelle du Cameroun : les ENIEG[47], les ENS[48], l'ENAM[49], la FMSB[50], etc.
À la fin de sa première année académique, Achille Gwet décide de se présenter au concours de l'ENS de Yaoundé.

---

[47] ENIEG : École Normale des Instituteurs de l'Enseignement Générale
[48] ENS : École Normale Supérieure
[49] ENAM : École Normale d'Administration et de la Magistrature
[50] FMSB : Faculté de Médecine et des Sciences Biomédicales

Bon, certes, c'est une idée qu'il n'est pas le seul à avoir cette année-là puisqu'il y a plus de dix mille candidats. Malgré des frais de constitution du dossier très élevés – trente mille francs CFA –, la conscience du nombre élevé de candidats et les tracasseries omniprésentes et fort marquées accompagnant la constitution du dossier, Achille va jusqu'au bout de sa décision.

Lorsqu'en fin septembre, environ un mois après l'examen écrit du concours, il se retrouve parmi les admissibles de la filière SVT[51], c'est une véritable explosion de joie qu'il a. Et lorsqu'il est retenu pour entrer à l'ENS quelques semaines plus tard, il passe une nuit de java à Makak avec ses amis après avoir subi, avec joie, les congratulations franches – ou pas – des amis, des proches et des membres de la famille… Certes, il en évite quelques uns de peur de se faire ensorceler à mort. Cette nuit-là, il confie à ses amis qu'il fera les cinq années règlementaires afin de sortir PLEG[52].

Mais Achille Gwet ne fait que trois ans : la pauvreté et le besoin d'argent sont plus forts que l'ambition… puisqu'il faut survivre à défaut de vivre. Ainsi, au bout de trois ans, il décide d'arrêter ses études à l'ENS et « sort » avec le DIPES I[53] qui donne droit au grade de PCEG[54].

Sept mois après sa sortie, il est intégré à la fonction publique puis affecté dans la province de l'Est au CES[55] d'Evouzo'o.

Bien que son salaire ne soit pas « sorti » en même temps que son affectation, Achille Gwet décide néanmoins de se rendre à son poste d'affection juste pour prendre son service et, surtout, pour prendre contact avec la localité et l'environnement de travail au CES. Une fois que ceci aura

---

[51] SVT : Sciences de la Vie et de la Terre
[52] PLEG : Professeur des Lycées d'Enseignement Général
[53] DIPES I : Diplôme de Professeur d'Enseignement Secondaire I
[54] PCEG : Professeur des Collèges d'Enseignement Général
[55] CES : Collège d'Enseignement Secondaire

été fait, se dit-il, il fera vite de rentrer à Yaoundé suivre son dossier de prise en charge salariale en espérant que son salaire sorte vite et le « libère »… le libère de la précarité. Car la famille d'Achille est pauvre.

Mais, lorsqu'il arrive à Evouzo'o, non seulement il se rend compte que c'est un coin perdu, mais en plus, le directeur du CES le considère comme un envoyé de la providence… et refuse catégoriquement de le laisser revenir à Yaoundé. Ce faisant, il argue que le dossier se suivra tout seul tandis qu'il a besoin de lui sur place, à Evouzo'o.

Sorti professeur de SVT, le directeur du CES lui demande – bon, lui impose – d'enseigner, en plus des SVT, l'histoire, la géographie et les mathématiques, de la sixième en troisième. La vérité est qu'il n'y a que trois professeurs dans cet établissement de deux cent trente élèves. Trois professeurs c'est-à-dire le directeur du CES – professeur de physique –, Achille et un professeur de français.

En attendant que son salaire ne « sorte », le directeur du CES décide de le faire payer par l'APE, à l'instar des trois autres professeurs vacataires recrutés obligeamment. Poursuivant son idée, le directeur décide de le loger provisoirement chez lui étant donné qu'il n'a pas une grande famille et qu'il lui reste assez d'espace pour l'accueillir.

Fort heureusement, son salaire sort six mois après sa prise de service. Ainsi, il se cherche un petit local et s'y installe : c'est un studio qu'il loue à dix mille francs CFA par mois.

Six ans plus tard, il est toujours à Evouzo'o. Entre temps, il s'est mis en concubinage avec une autochtone. Mieux encore, ils attendent un enfant. Sans passion aucune. Désabusés ou presque.

L'abus

En ouvrant les yeux dans la semi-obscurité, Florencia se demanda tout naturellement où elle se trouvait. Puis, se souvenant de son malaise du début d'après-midi pendant le cours d'Allemand, elle en arriva à conclure qu'elle avait dû s'endormir après qu'elle se fût étendue sur l'une des couchettes de l'infirmerie de son établissement – le lycée de Nkol-Eton – sur les conseils du médecin de l'établissement après qu'il l'eût examinée. Elle fut cependant fort surprise lorsque, voulant se tourner sur le côté, elle se rendit compte qu'elle n'était pas libre de ses mouvements. Pendant son sommeil qui avait bien dû avoir duré toute l'après-midi – puisqu'il devait être environ dix-huit heures, se dit-elle –, on avait dû lui avoir lié les mains et les pieds aux montants de la couchette. Inquiète, elle se demanda ce qui avait bien pu amener le médecin à faire cela. Avait-elle par hasard été très agitée dans son sommeil au point que le médecin avait craint qu'elle ne se fît mal en tombant de la couchette ? Peut-être, se dit-elle. « Cela signifie donc que j'ai dû être très malade », conclut-elle. Alors, bien qu'étant fort contrariée, elle choisit d'attendre patiemment le retour du médecin. Ce faisant, elle réprima une furieuse envie qui la rongeait d'appeler le « Docteur Germain » ainsi que tous les élèves du lycée appelaient le médecin de l'établissement.

Elle n'eut pas à patienter longtemps puisque cinq minutes environ après son réveil, elle entendit tournée une clé dans la serrure de la porte centrale de la petite infirmerie. Peu après, le docteur Germain était dans la même pièce qu'elle. Constatant qu'elle était éveillée, il s'enquit :

- Comment ça va, Florencia ?
- Nettement mieux, docteur Germain.
- Ce malaise, il est passé maintenant, n'est-ce pas ?
- Oui, docteur Germain.
- Je te l'avais bien dit que ce n'était qu'une petite indigestion. Mais, tu t'es néanmoins endormie et assez longtemps.
- J'ai l'impression que j'en avais bien besoin.

- C'est aussi mon avis.

De là où il se tenait, le médecin se mit à la scruter avec ce qui lui sembla être une lueur appréciatrice dans le regard. « Mais, je n'ai que quinze ans ! » se dit-elle, non sans un certain plaisir. « S'il me trouve à son goût malgré ses plus de trente ans – trente-sept ans selon ce qui se murmure dans les couloirs du lycée –, c'est que je suis bien jolie » se dit-elle encore. Mais dans une soudaine lucidité, elle revint à sa curieuse situation c'est-à-dire pieds et poings liés aux montants de la couchette dans une lueur du jour quasi-inexistante. « Il pourrait quand même allumé ! On n'y voit plus rien. » se dit-elle.

- Docteur Germain, pourquoi est-ce que je suis attachée au lit ?

Il ne dit rien tout de suite. Il se rendit d'abord dans son bureau et ce ne fut que lorsqu'il en sortit qu'il lui répondit.

- Justement, j'attendais que tu sois éveillée… Est-ce que tu sais que tu es une très jolie femme, Florencia ?

Confuse, elle ne sut que répondre à ce compliment subit.

- Euh, on me le dit souvent.
- Bien, dit-il avec un sourire. Tu as déjà connu un homme ?

Il était désormais assis sur la couchette à côté d'elle.

- Non, répondit-elle très confuse.
- J'aimerais y remédier dès ce soir, fit-il tranquillement.
- Mais, monsieur, nous ne sommes pas des égaux. Vous êtes au moins de vingt ans mon aîné, dit-elle choquée.
- Ce n'est pas un problème, du moment que tu es si jolie et si femme. Tu vas voir tout à l'heure. Il n'y paraitra rien.

Elle voulut lui dire qu'elle ne voulait pas bien qu'elle le trouvât fort bien, mais elle eut peur de le fâcher. En réalité, elle avait déjà peur. Elle savait parfaitement que ce qu'il projetait de faire était contre toute morale et surtout, contre la loi. Parfaitement hors la loi.

Pendant qu'il se dévêtait, elle comprit enfin l'ampleur de ce qui allait lui arriver : elle allait être violée par le médecin de son école, dans l'infirmerie de celle-ci et, considérant l'âge de son futur bourreau, elle allait être violée par un pédophile.

Une peur doublée d'une irrépressible panique s'insinua en elle, se répandant jusque dans la moindre de ses fibres. Elle voulut crier, mais mue par un instinct, l'homme se retourna à ce moment-là et dit :

- Au fait, tu cris et je te bâillonne à la minute. D'ailleurs, je ne suis même pas sûr que l'on t'entende vue que l'infirmerie est éloignée de toute oreille indiscrète… Tu le sais très bien, d'ailleurs. Et puis, cela risque de me mettre en colère et de me pousser à être brutal… ce qui m'empêchera de te donner le plaisir que je compte te prodiguer avec exaltation. Tu ne veux pas rater ça, n'est-ce pas ?

Il avait énoncé tout cela avec calme, un peu comme un enseignant le ferait avec un élève inconséquent et lent à la compréhension d'un problème dont la solution semblait pourtant évidente.

Elle n'esquissa aucun mouvement, ni approbateur, ni désapprobateur. Elle se contenta d'attendre, la peur au ventre.

Lorsqu'il eut ôté son pantalon et son slip, il vint mettre ses seins – ses jeunes seins – à l'air libre. Ceci étant fait, il mit son sexe à découvert en abaissant son slip sur ses jambes. Constatant que celui-ci risquait de le gêner par la suite, il le découpa avec des ciseaux et le posa non loin de là sur l'une des deux couchettes vacantes de la pièce. Ensuite, il se mit à lui faire ce qu'elle comprit finalement être des caresses. Des caresses visiblement destinées surtout à l'exciter lui, et non pas à la préparer, elle, à ce qui allait suivre. Il fut rapidement en érection. Et tandis qu'il mettait un préservatif, Florencia se demanda, le cerveau et tous les muscles frigorifiés de peur, si cette chose-là allait réellement se retrouver en elle.

Elle ne se posa pas longtemps la question car, le souffle court d'excitation, l'homme prit rapidement position entre ses cuisses en se couchant sur elle et s'enfonça en elle avec lenteur.

Elle eut très mal et allait crier lorsqu'il la bâillonna de l'une de ses mains en disant dans un souffle :

- Tu as mal parce que tu es crispé. Détends-toi !

Elle ne se détendit pas. Au contraire. Puisque sentant de plus en plus mal et imaginant cette chose en elle en train de la déchirer, de la blesser dans sa chair, de la souiller, elle se mit à bouger dans l'objectif de se libérer de cette chose-là. Ceci irrita visiblement l'homme-bourreau car il se mit proprement à la labourer avec ce qui sembla être de la rage à Florencia. Alors, elle abandonna la lutte et le laissa faire. Il ne se calma pas pour autant et s'acharna sur elle jusqu'à ce qu'il eût son orgasme. Alors seulement, il la libéra de sa masse et de son sexe – cette chose qui l'avait blessée, cette chose qui faisait l'homme et qui avait transformé celui-là en un primitif, un animal sauvage sans aucun contrôle.

Il fit de la lumière et la libéra de ses liens.

Constatant qu'elle saignait légèrement, il dit :

- Je vais te chercher des serviettes hygiéniques. Ne t'inquiète pas.

Comme si cela avait quelque importance maintenant, qu'elle s'inquiète ou non, se dit-elle le cœur lourd. Elle vit les ciseaux et pensa… mais elle ne les prit pas. Elle n'en eut pas le cœur, malgré ce qu'il venait de lui faire.

Elle fixa les serviettes après avoir rafistolé tant bien que mal son slip.

- S'il y a quoi que ce soit d'anormal, vient me voir, j'y remédierai. Et surtout, ne dit rien à personne. D'ailleurs, je suis certain qu'on ne te croirait pas : des règles douloureuses et irrégulières, c'est fréquent chez les filles de ton âge… et qui de surcroit ont commencé à voir les leurs il y a à peine un an, comme toi. C'est toi qui me l'as dit, n'est-ce pas ?

Elle n'esquissa aucun geste d'approbation. Il la dégoutait tant. Oh Dieu, qu'elle le trouvait répugnant ! Quelle le haïssait ! Elle s'empressa de ramasser son sac posé sur l'une des deux autres couchettes. Elle l'y avait posé avant de s'étendre sur celle où elle était désormais assise…

Elle s'enfuit littéralement de l'infirmerie, refusant sans même y jeter un regard l'argent qu'il lui tendait « pour son taxi du retour ».

Arrivée à la maison, elle ne dit rien à personne. Elle avait honte. Elle s'enferma dans sa chambre et se mit à sangloter en sourdine.

-   Qu'ai-je fait pour mériter cela ? se demanda-t-elle dans ses larmes. L'ai-je provoqué ?

À la pensée qu'elle pourrait elle-même être la cause de ce qui lui était arrivé, elle se mit à sangloter de plus belle.

-   Je suis souillée. Souillée.

Et cette pensée se figea en elle. À l'instant où elle l'exprima à haute voix, elle sut qu'elle ne la quittera plus jamais.

L'année scolaire tirait à sa fin. Désormais, Florencia se mit à éviter soigneusement de croiser l'homme-bourreau.

L'année suivante, elle s'inscrivit dans un autre établissement en classe de Première Allemand, croyant ce faisant se débarrasser des images atroces de son viol. Elle le crut si fort que lorsqu'en événement tragique la rappela à ces souvenirs en avril pendant les congés de Pâques – un an environ après le viol –, elle en commit l'irréparable.

Ceci arriva alors que ses frères et ses sœurs se trouvaient en congé chez l'une de leur tante tandis que leurs parents étaient rendre visite à quelques unes de leurs connaissances de Yaoundé. Alors que ces derniers tardaient à rentrer, elle éteignit la lumière du salon et se mit au lit. Il était environ vingt-trois heures. Elle refusa de céder à l'envie de leur passer un coup de fil pour leur demander l'heure à laquelle ils allaient rentrer, se disant que c'était à eux que revenait le devoir de le faire pour l'en informer.

Elle s'était endormie depuis environ une heure lorsqu'elle entendit du bruit dans la maison. En réalité, elle l'avait senti plus qu'elle ne l'avait entendu. Se disant que ce devait être ses parents qui venaient de rentrer, elle se leva pour aller les accueillir. Lorsqu'elle fut dans le couloir, elle observa qu'un faisceau de lumière balayait le salon. Probablement le faisceau de lumière d'une lampe torche, supposa-t-elle logiquement. Puis, ce fut des chuchotements. Alors, elle comprit qu'ils se faisaient cambrioler. Rebroussant chemin, elle rentra dans sa chambre, ramassa son téléphone portable et gagna la chambre de ses parents où elle savait que son père avait dissimulé un pistolet acheté deux ans plus tôt dans une armurerie. À côté de celui-ci, il y avait une boite de munitions. Son père les lui avait montrées cinq jours plus tôt avant qu'il ne s'en fut accompagné ses frères et sœurs chez sa tante au village en compagnie de leur maman. Ils en étaient rentrés deux jours plus tôt, mais le secret de la cachette était resté. Elle chargea rapidement l'arme comme il le lui avait montré en s'éclairant de la lumière de son portable. Lorsque ceci fut fait, elle composa le numéro du groupement mobile d'intervention (GMI) puis le numéro vert de Police Secours et leur expliqua la situation à tour de rôle, en chuchotant. Ceci étant fait, elle mit son téléphone sur vibreur et resta dans l'obscurité en espérant que les hommes du GMI et de Police Secours l'eussent crue.

Quinze minutes plus tard, rien ne s'était encore passé hormis les bruits qui continuaient dans le salon et dans les autres pièces de la maison. Vingt-cinq minutes plus tard, elle entendit du bruit autour de la maison, puis un « Police ! » qui se répercuta dans toute la maison.

L'homme qui disait « Police ! » était maintenant dans le couloir et se rapprochait de plus en plus de la chambre de ses parents où elle se trouvait. Elle était glacée de peur et ne réalisait plus rien depuis environ une dizaine de minutes :

ses souvenirs l'assaillaient. La voix de l'homme-bourreau, ses gestes ce jour-là, sa calme assurance… et la haine qu'il lui inspirait…

La porte de la chambre s'ouvrit à la volée. Florencia tenait son arme braquée sur la porte et elle tira s'en rendre compte. Elle tira plusieurs fois. Un homme s'écroula, touché à la tête tandis que dans l'inconscient de Florencia se répétaient ces phrases en boucles : « Il ne me le fera pas à nouveau. Non ! Il ne me le refera pas ! Je me suis laissé faire la dernière fois, il ne me le fera pas cette fois ! »

Puis, lorsque l'arme claqua plusieurs fois dans le vide, elle revint dans un état normal et se mit à analyser la situation. Des pas se précipitaient autour de la maison… Des chuchotements…La police, se dit-elle alors. « Police ! Jetez vos armes et rendez-vous sans opposer de résistance ! » entendit-elle venant du couloir. « Jetez vos armes par la porte, tout de suite ! Dernier avertissement ! »

Elle n'eut pas le temps de réaliser ce qui se passait que la pièce fut envahie par une horde d'hommes en uniforme qui balayèrent rapidement la pièce du faisceau de leurs torches.

- C'est une jeune fille, entendit-elle. Nous avons failli l'abattre !

Peu après, on la brutalisait, lui mettait des menottes et la trainait. En sortant de la chambre où on venait enfin de mettre de la lumière, elle vit le cadavre d'un homme dans un uniforme identique à celui que portaient tous les hommes qu'elle voyait autour d'elle. Les hommes du GMI.

« J'ai tué un homme, un policier », se dit-elle alors. « Oh, mon Dieu ! Pourquoi ? Ce n'était pas *lui* ! *Lui*, il le méritait, pas cet homme-ci ! Mon Dieu ! »

Elle fut brutalement poussée. Elle n'entendait plus rien, ne voyait plus rien, ne sentait plus rien. On la jeta à l'arrière d'une fourgonnette. Celle-ci démarra peu après. Quelques minutes plus, on la jeta dans une cellule.

Elle ne sentait toujours rien.

Lors du procès y étant relatif, elle écopa de huit mois d'emprisonnement avec sursis. En clair, durant les huit mois suivant la prononciation de cette peine, si elle commettait un crime de même nature, elle écoperait de huit mois d'emprisonnement ferme malgré le fait qu'elle n'aurait toujours pas l'âge de la majorité pénale. Durant le procès, elle ne dit pas les véritables raisons qui l'avaient poussée à tirer. Non, elle ne dit pas la hantise de son viol, celui qu'elle avait subi dans sa chair et son âme.

Un mois après la prononciation de sa peine, s'étant introduite dans l'enceinte du Lycée de Nkol-Eton grâce à son ancienne tenue de classe, elle assassina le médecin de l'établissement avec des ciseaux en les lui enfonçant dans la gorge sur quinze centimètres. L'homme-bourreau mourut sur le coup. Peu après, Florencia fut immobilisée par quelques enseignants vigoureux – elle s'était mise à s'acharner à coups de pieds sur le cadavre encore chaud du médecin – puis livrée à la police. Elle avait pensé pendant très longtemps à cette expédition, depuis cette nuit tragique où un homme innocent avait péri, un homme qui venait la secourir…
Quelques temps après, elle fut emprisonnée. Elle y resta huit mois, soigneusement entretenue par ses parents qui ne pouvaient pas renier leur enfant malgré son double meurtre en l'espace de trois mois. « On jette pas son bébé », disait sa mère à ses plus proches amies et amis, « Même si c'est un monstre ». Pourtant, à elle, Florencia avait dit la vérité sous la condition expresse de ne jamais le répéter à personne – même à son père – sinon, elle allait se suicider, l'avertit-elle. Ce fut trois jours avant qu'elle n'assassinât le docteur Germain, l'homme-bourreau.

FIN

Que vous ayez beaucoup aimé (ou un peu moins aimé) ce que vous avez lu dans ce livre, dites-le moi en me rejoignant sur ma page Facebook *Martin Méngué Officiel* :
https://www.facebook.com/Martin-M%C3%A9ngu%C3%A9-Officiel-112370913852422

Ou alors, écrivez-moi à l'adresse email :
mmnnmartin@gmail.com